中等职业教育新能源汽车类专业教材

新能源汽车维护

Xinnengyuan Qiche Weihu

北京教盟博飞汽车科技有限公司 组织编写

张鹏炜 孙春凤 主　编

李　丹　王卿宇　唐　荣 副主编

人民交通出版社

北京

内 容 提 要

本书为中等职业教育新能源汽车类专业教材。本书系统性地介绍新能源汽车使用性能与PDI检查；新能源汽车常规维护内容与操作规范；新能源汽车高压系统、底盘系统、电气系统的检查与调整，包括情境描述、任务目标、完成任务必备的知识和技能等内容。

本书可作为中等职业学校新能源汽车运用与维修专业的教材，也可作为其他汽车专业方向学生、汽修技术人员的学习用书。

图书在版编目(CIP)数据

新能源汽车维护/张鹏炜,孙春凤主编.—北京：人民交通出版社股份有限公司,2024.3
ISBN 978-7-114-19263-0

Ⅰ.①新… Ⅱ.①张… ②孙… Ⅲ.①新能源—汽车—车辆修理—中等专业学校—教材 Ⅳ.①U469.707

中国国家版本馆 CIP 数据核字(2024)第 036863 号

书　　名：	**新能源汽车维护**
著 作 者：	张鹏炜　孙春凤
责任编辑：	李佳蔚
责任校对：	孙国靖
责任印制：	刘高彤
出版发行：	人民交通出版社
地　　址：	(100011)北京市朝阳区安定门外外馆斜街3号
网　　址：	http://www.ccpcl.com.cn
销售电话：	(010)59757973
总 经 销：	人民交通出版社发行部
经　　销：	各地新华书店
印　　刷：	北京市密东印刷有限公司
开　　本：	787×1092　1/16
印　　张：	13.25
字　　数：	250 千
版　　次：	2024年3月　第1版
印　　次：	2024年3月　第1次印刷
书　　号：	ISBN 978-7-114-19263-0
定　　价：	49.00元

(有印刷、装订质量问题的图书，由本社负责调换)

编写委员会

主　　任：尹万建　阚有波
副 主 任：吴荣辉　李洪港
委　　员：(按姓氏笔画排序)
　　　　　王卿宇　王　杰　包科杰　卢凯林　孙春凤
　　　　　吕　杰　朱华生　李　丹　李世朋　李港涛
　　　　　杜　伟　肖　强　张鹏炜　张振群　张　硕
　　　　　单翔鹭　周世芳　宣立成　徐艳飞　黄忠露
　　　　　曹东杰　萨维宇

汽车产业快速发展带来的交通拥堵、能源危机和环境污染是限制汽车产业发展的主要瓶颈。在党的二十大报告"推动制造业高端化、智能化、绿色化发展"方针的指引下,新能源汽车产业成为国家重点发展和大力扶持的产业。近年来,新能源汽车产业得到飞速发展,汽车后市场将需要大量新能源汽车销售、维修及其他各方面人才。目前,我国大多数职业院校都开设了新能源汽车相关专业或新能源汽车相关课程,以满足行业对人才的需求。

党的二十大报告中指出:"统筹职业教育、高等教育、继续教育协同创新,推进职普融通、产教融合、科教融汇,优化职业教育类型定位。"在深度产教融合的基础上,由北京教盟博飞汽车科技有限公司和安莱(北京)汽车技术研究院课程开发团队主导,联合企业一线培训专家、维修技师及职业院校资深教师主导编写了这套新能源汽车教材,作为职业院校新能源汽车高技能人才培养的新形态教材。本套教材根据中等职业教育新能源汽车运用与维修专业及《国家技能人才培养标准及一体化课程规范》相关课程标准要求编写,全面、系统地介绍了新能源汽车的基础知识和专业技能,包括《新能源汽车概论》《新能源汽车电力电子基础》《新能源汽车维护》《新能源汽车动力蓄电池系统构造与检修》《新能源汽车驱动系统构造与检修》《混合动力汽车发动机构造与检修》《新能源汽车底盘构造与检修》《新能源汽车电气系统构造与检修》《新能源汽车充电桩系统构造与检修》《新能源汽车常见故障诊断与排除》,共10种。

《新能源汽车维护》共分为5个项目、13个任务,以大众ID.4车型为主,兼顾北汽、比亚迪、荣威、吉利等主流品牌车型。书中配有教学资源库,读者可以通过扫描书中的二维码观看相关原理及实操视频,直观地学习结构原理及操作流程;并配有实训工单及课件等教学资源。本书采用大量现场实物照片,图文并茂,彩色印刷,有利于激发学生的学习兴趣,适于中等职业教育新能源汽车运用与维修专业的学生使用,也适于其他汽车专业方向学生、汽修技术人员学习。

本书由北京教盟博飞汽车科技有限公司组织编写,天津市劳动经济学校张鹏炜、大连市金州区职业教育中心孙春凤担任主编,天津市劳动经济学校李丹、大连市金州区职业教育中心王卿宇、贵州交通技师学院唐荣担任副主编,参加编写的人员还有内蒙古交通技师学院宣立成、重庆经贸职业学院卢凯林、四川省珙县职业技术学校唐保华。

在本书编写过程中,参考了大量国内外相关著作、汽车厂家的培训课件及其他文献资料,在此一并向有关作者及汽车厂家表示最真诚的感谢。

限于编者的水平,书中难免存在不当之处,敬请广大读者批评指正。

编　者
2023 年 12 月

目录 / Contents

项目一　新能源汽车使用性能与 PDI 检查 ·········· 001
- 任务1　新能源汽车使用性能检查　·········· 001
- 任务2　新能源汽车新车交付 PDI 检查　·········· 034

项目二　新能源汽车常规维护内容与操作规范 ·········· 047
- 任务1　新能源汽车一级维护内容与操作规范　·········· 047
- 任务2　新能源汽车二级维护内容与操作规范　·········· 058

项目三　新能源汽车高压系统检查与调整 ·········· 070
- 任务1　动力蓄电池系统检查与调整　·········· 070
- 任务2　驱动系统检查与调整　·········· 080
- 任务3　高压配电系统检查与调整　·········· 087

项目四　新能源汽车底盘系统检查与调整 ·········· 094
- 任务1　新能源汽车制动系统检查与调整　·········· 094
- 任务2　新能源汽车转向系统检查与调整　·········· 104
- 任务3　新能源汽车其他底盘系统检查与调整　·········· 108

项目五　新能源汽车电气系统检查与调整 ·········· 119
- 任务1　新能源汽车低压电源系统检查与调整　·········· 119
- 任务2　新能源汽车空调系统检查与调整　·········· 124
- 任务3　新能源汽车其他电气系统检查与调整　·········· 132

参考文献 ·········· 139

新能源汽车使用性能与PDI检查

本项目介绍新能源汽车使用性能与PDI(Pre-Delivery Inspection,出厂前检查)检查,分为2个任务。

任务1 新能源汽车使用性能检查;

任务2 新能源汽车新车交付PDI检查。

通过以上任务的学习,能够掌握新能源汽车点火(起动)开关、变速器挡位、电气系统、充电系统的操控方法,并进行性能检查,掌握新能源汽车新车PDI检查标准、检查注意事项,并进行PDI检查。

任务1 新能源汽车使用性能检查

情境描述

你所在企业的销售顾问请你协助,向新购车的客户介绍新能源汽车的使用方法及注意事项,并对车辆的使用性能进行检查,你能完成这个任务吗?

任务目标

▶ 知识目标

1. 能够描述新能源汽车的起动与操控方法;
2. 能够描述新能源汽车充电方法。

▶ 技能目标

1. 能够进行新能源汽车起动与操控性能检查;
2. 能够进行新能源汽车充电性能检查。

 新能源汽车维护

> **素质目标**

1. 塑造职业道德，弘扬中华传统美德，展示中国工匠可信的形象；
2. 培养良好的工作态度，以科学的态度对待科学；
3. 培养钻研新技术的习惯，不断提出真正解决问题的新理念新思路新办法。

知识学习

一、新能源汽车起动与操控方法

由于动力、驱动系统的差异，新能源汽车起动、操控的方法与传统汽车有一定区别。以下以大众ID.4纯电动汽车为例，介绍新能源汽车起动与操控的方法，其他车型请参阅对应的《用户手册》及其他相关技术资料。

1. 车辆外观部件与车内操控机构识别

正确起动与操控车辆前，应先认识车辆的操控部件与电气设备及其他相关的操控机构。

1）操控部件位置识别

（1）转向盘区域。

图1-1-1是大众ID.4纯电动汽车转向盘区域的操作功能示意图。

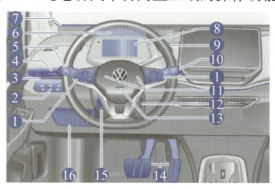

图1-1-1 大众ID.4纯电动汽车转向盘区域的操作功能示意图

1-多功能转向盘的操作元件；2-开关操作区域；3-仪表板上的氛围灯；4-空调出风口；5-转向信号灯/前照灯远光操纵杆；6-平视显示器；7-智能灯光辅助（前风窗与仪表板之间的光带）；8-组合仪表；9-挡位选择开关；10-风窗刮水器和清洗器操纵杆；11-喇叭；12-点火开关；13-驾驶人正面安全气囊的安装位置；14-踏板；15-转向柱位置调节杆；16-熔断丝盒盖板

（2）中控台上部。

图1-1-2是大众ID.4纯电动汽车中控台上部的操作功能示意图。

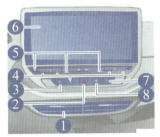

图 1-1-2　大众 ID.4 纯电动汽车中控台上部的操作功能示意图

1-空调出风口;2-用于打开和关闭危险警报灯的按键;3-用于驻车和驶出辅助的辅助系统;4-空调、加热和通风系统操作元件;5-用于信息娱乐系统的按键;6-信息娱乐系统;7-驾驶模式选择按键;8-用于驾驶辅助系统的按键

（3）中控台下部。

图 1-1-3 是大众 ID.4 纯电动汽车中控台下部的操作功能示意图。

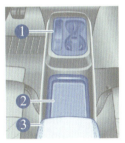

图 1-1-3　大众 ID.4 纯电动汽车中控台下部的操作功能示意图

1-带饮料杯架的储物盒;2-中控台内的储物箱;3-带储物箱的中间扶手

（4）驾驶侧车门。

图 1-1-4 是大众 ID.4 纯电动汽车驾驶侧车门的操作功能示意图。

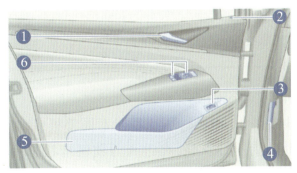

图 1-1-4　大众 ID.4 纯电动汽车驾驶侧车门的操作功能示意图

1-车门开启拉手;2-中央门锁系统指示灯;3-尾门锁开启按钮;4-前机舱盖开启手柄;5-储物舱;6-操作区(用于车外后视镜调节和功能开关、电动门窗操作按钮、用于闭锁和解锁车辆的中央门锁按钮、儿童安全门锁按钮)

(5) 前排乘客侧车门。

图 1-1-5 是大众 ID.4 纯电动汽车前排乘客侧车门的操作功能示意图。

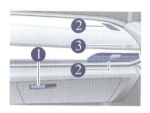

图 1-1-5　大众 ID.4 纯电动汽车前排乘客侧车门的操作功能示意图

1-储物箱开启拉手;2-空调出风口;3-仪表板里前排乘客正面安全气囊安装位置

2)电气设备符号识别

(1) 顶棚上的符号识别。

大众 ID.4 纯电动汽车车内顶棚上的符号及含义见表 1-1-1。

电气设备符号识别

大众 ID.4 纯电动汽车车内顶棚上的符号及含义　　表 1-1-1

符号	含义
OFF	按钮未激活:在解锁车辆、打开车门或关闭点火开关时,车内照明灯自动打开
☀	车内照明灯和阅读灯按钮
🚗	电动全景滑动/翻开式天窗开关
☀	电动全景滑动/翻开式天窗遮阳卷帘开关
SOS	紧急呼叫服务按钮

(2) 组合仪表中的符号识别。

车辆组合仪表中的警报/指示灯用于指示不同警报、故障或部分功能。打开点火开关时,部分警报/指示灯点亮,在进入行驶就绪状态后或车辆处于行驶状态时,警报/指示灯应熄灭。

①根据车型配置,组合仪表可能显示符号,而并非全部是警报灯。

②根据车型配置,组合仪表警报灯点亮或闪烁时,组合仪表显示屏可能显示一则文本信息。

③根据车型配置,部分警告灯和指示灯不是在所有车型上均适用。
④红色警报灯表示车辆出现严重故障,切勿继续行驶。
⑤黄色警报灯表示车辆出现故障,请遵守辅助信息,并建议及时检查。

组合仪表中的符号及含义见表1-1-2。表中列举部分动力系统相关的警报/指示灯,其他警报/指示灯请参照用户手册。

大众 ID.4 纯电动汽车组合仪表中的符号及含义　　　　表 1-1-2

符号	含义
READY	行驶准备就绪:行驶准备就绪显示,此时高压系统处于运行状态
⚠	1级警报:车辆处于危险状态,切勿继续行驶
⚠	2级警报:车辆出现功能故障或车用油液储量不足,可能损坏车辆或导致车辆抛锚,尽快检查故障
🔌	因长时间停放,动力蓄电池(高压蓄电池)深度放电:动力蓄电池可能因车辆长时间停放而损坏,应进行充电
🔌	计算续驶里程故障:车辆续驶里程计算有故障,请到特许经销商处检修
🔋	动力蓄电池电量耗尽:动力蓄电池续驶里程可能只剩下几公里,应立即充电
🔋	动力蓄电池电量过低:动力蓄电池的电量达到备用电量区域,应尽快充电
🚗	电驱动装置故障:高电压组件可能损坏或过热,切勿继续行驶;一旦可行且安全,应立即停车,并停放在室外;退出行驶准备就绪状态;联系特许经销商专业人员处理
🚗	电驱动装置或高压车载电网故障:可以继续行驶,应尽快到特许经销商处检查电驱动装置
🐢	电驱动装置即将关闭:蓄电池电量已耗尽或温度过低,无法继续行驶,重新充电后指示灯将熄灭
🐢	行驶功率受限:行驶功率明显降低,还可能继续降低。在车外温度极低或极高的情况,蓄电池在行驶期间会被加热或冷却,行驶功率重新提高,指示灯将熄灭

续上表

符号	含义
	转向系统故障:电控机械式转向系统或电子转向柱锁止装置故障,转向机构可能不灵活,警告灯闪烁时,转向柱无法解锁。联系特许经销商专业人员处理
	转向系统功能降低:转向系统有故障,反应比平时更迟钝或更灵活。重新进入行驶准备就绪状态并缓慢短距离行驶,指示灯依然持续点亮,请前往特许经销商检修
	12V 车载蓄电池无法充电:在行驶过程中,12V 车载蓄电池未进行充电。关闭不需要的用电器,尽快到特许经销商检修
	12V 车载蓄电池故障:车载电网和 12V 车载蓄电池之间连接存在故障、温度过低、电量不足。如果已经退出行驶准备就绪状态,则无法再次进入该状态,必要时执行跨接起动。尽快到特许经销商检修
	冷却系统故障:冷却液温度过高或液位过低
	充电插头已连接:充电插头连接中,指示灯点亮,此时车辆不能行驶

2. 进入和退出行驶准备就绪状态

纯电动汽车没有燃油发动机,混合动力电动汽车发动机的起动与停机也由混合动力控制系统控制,因此新能源汽车的"起动"通常称为"进入行驶准备就绪状态"或"上电","熄火"通常称为"退出行驶准备就绪状态"或"下电"。

绝大多数新能源汽车采用智能钥匙。当智能钥匙在车内并且按下点火开关(起动/停机按钮)时,可起动车辆(即"上电")。起动后,组合仪表的"OK"或"READY"指示灯点亮(图 1-1-6)。

 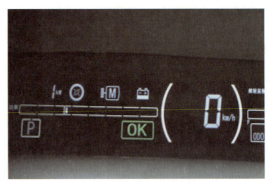

图 1-1-6 新能源汽车组合仪表的 READY、OK 指示灯

1）车辆智能钥匙认识与使用

（1）智能钥匙功能认识。

图 1-1-7 是大众 ID.4 纯电动汽车的智能钥匙。

各按钮功能如下。

①解锁按钮：解锁车辆。按压按钮，所有车门解锁后，所有转向信号灯闪烁两次。

②单独解锁尾门按钮：单独解锁尾门。按压按钮解锁尾门后，所有转向信号灯闪烁两次。

③闭锁按钮：闭锁车辆。按压按钮所有车门闭锁后，所有转向信号灯闪烁一次。

④指示灯：按压按钮时闪烁。

智能钥匙里装有电子元器件，故务必妥善保管钥匙，防止其因受潮和强烈振动而损坏。

（2）应急钥匙认识。

车辆的智能钥匙中有一把用于手动闭锁和解锁车辆的应急钥匙（图 1-1-8）。

图 1-1-7　大众 ID.4 纯电动汽车智能钥匙
1-解锁按钮；2-单独解锁尾门按钮；3-闭锁按钮；4-指示灯

图 1-1-8　大众 ID.4 纯电动汽车应急钥匙
1-按压解锁按钮（向外翻出钥匙头）；2-按住解锁按钮（水平方向向外拔出应急钥匙）

（3）智能钥匙电池更换。

智能钥匙中具有纽扣式电池，按压按钮时，如果钥匙里的指示灯不闪烁，则表明应更换钥匙里的电池。

如图 1-1-9 所示，更换钥匙电池步骤如下。

①取出应急钥匙（图中 1）。

②将应急钥匙插入开口中，沿箭头方向按压应急钥匙并撬起钥匙盖板（图中 2）。

③从电池盒中取出电池，将新的电池放入电池盒中（图中箭头方向）。

④将盖板重新压回到钥匙壳体并卡定。

⑤存放应急钥匙。

⑥按照环境保护法规的相关规定处理废电池。

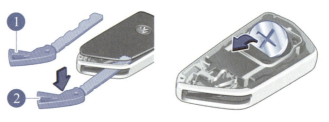

图 1-1-9　大众 ID.4 纯电动汽车更换钥匙电池

(4) 钥匙同步化处理。

如果无法再用智能钥匙遥控开启或闭锁车辆,须对智能钥匙进行同步化处理或更换电池。对智能钥匙进行同步化处理步骤如下。

①智能钥匙置于车辆近旁。

②依次短按两次智能钥匙中的按钮。

或以下步骤。

①取出应急钥匙。

②必要时拆下驾驶人侧车门拉手盖罩。

③按压钥匙上的按钮。

④用应急钥匙解锁车辆。

⑤打开驾驶人侧车门。如车辆装备了防盗报警装置,则会立即触发警报。

⑥打开点火开关。

⑦完成钥匙同步化处理。

如果车辆的智能钥匙电池及同步化处理都正常,但车辆仍然无法遥控闭锁或解锁,原因可能是无线电遥控器受到障碍物、恶劣的天气条件或车辆附近有相同波段工作的发射器(如移动通信设备)的干扰。

2) 打开和关闭点火开关

车辆的点火开关(即起动/停机按钮)通常位于转向柱右侧,图 1-1-10 是大众 ID.4 纯电动汽车的点火开关。

(1) 打开点火开关。

踩下制动踏板,按一下起动/停机按钮。当智能钥匙的纽扣电池电量耗尽时,不能通过这种方式进入行驶准备就绪状态。在这种情况下使用应急起动功能。

图 1-1-10　大众 ID.4 纯电动汽车点火开关

(2)关闭点火开关。在车辆处于静止状态且点火开关已打开的情况下,按一下起动/停机按钮。也可以在车辆静止状态而且打开电子驻车制动器后,离开车辆。

(3)点火开关自动关闭。

如果在点火开关已处于打开状态,从车上拿走智能钥匙,则点火开关在一段时间后会自动关闭。离开车辆时,电子驻车制动器会自动打开。

3)进入行驶准备就绪状态

一旦进入行驶准备就绪状态,车辆的电驱动系统即处于起动状态。当电驱动系统处于起动状态时,车辆可随时起步。

(1)进入行驶准备就绪状态的前提条件。

在满足以下条件后,便可进入车辆的行驶准备就绪状态。

①动力蓄电池(高压蓄电池)电量充足。

②未连接充电电缆(车辆没有处于充电状态)。

③动力蓄电池的温度处于运行区间内。

④车内有一把有效的智能钥匙。

(2)进入行驶准备就绪状态的操作。

①踩下制动踏板时,选择行驶挡位。通过视觉和声音信号,发出已进入行驶准备就绪状态的信号。

②如果未进入行驶准备就绪状态,则中断该过程并重复前一步骤,必要时进行应急起动。

提示:在进入行驶准备就绪状态时,有可能会听到"咔哒"一声,此为正常情况。

(3)处于行驶准备就绪状态的确认。

进入行驶准备就绪状态或者行驶过程中,驱动电机不会产生可以察觉到的运转噪声。因此,无法根据运转噪声来确认车辆是否进入行驶准备就绪状态,可通过组合仪表上点亮"READY"指示灯的特征确认车辆处于该状态。图1-1-11是大众ID.4纯电动汽车组合仪表上点亮"READY"指示灯。

(4)发动机模拟音浪系统(e-Sound)。

电动汽车在静止状态下不会产生任何运行噪声,在行驶模式下,其也只会产生较低的运行噪声。因此,行人和儿童等其他交通参与者可能很难或无法听到、感觉到电动汽车的行驶,因此存在导致事故和致人受伤的可能性,如在交通噪声较低的区域行驶、调头或倒车时,为了确保交通安全,大部分电动汽车装备了e-Sound。

图 1-1-11　大众 ID.4 纯电动汽车组合仪表的 "READY" 指示灯

e-Sound 指发动机模拟音浪系统，即电子发动机噪声，在对行人等其他交通参与者接近电动汽车前，该系统发出警示。

进入车辆行驶准备就绪状态后，e-Sound 被打开。车辆低速行驶时，会发出模拟燃油发动机运转的噪声；车辆快速行驶时，噪声逐渐消失。

前格栅区域中的雪或顽固污渍可能会降低 e-Sound 的音量和识别度，从而导致事故。因此，行驶前应检查前格栅区域内是否有顽固污渍，必要时进行清洁。

图 1-1-12　组合仪表的发动机模拟音浪系统指示灯

如果 e-Sound 点亮黄色警告灯并发出声音信号，组合仪表显示相应的文本信息，此时车辆可以继续行驶，但应尽快到特许经销商处检修。e-Sound 指示灯如图 1-1-12 所示。

4）退出行驶准备就绪状态

（1）退出行驶准备就绪状态的操作。

只能按照给定的顺序执行退出行驶准备就绪状态操作。

①车辆完全制动。

②打开电子驻车制动器。

③注意组合仪表中的提示信息。

（2）处于行驶准备就绪状态时离车。

该功能可避免未经许可使用车辆。如果车辆处于行驶准备就绪或已选择车辆行驶挡位时离开车辆，在特定条件下会自动关闭点火开关和驱动电机，电子驻车制动器也将自动开启。如果车辆随后继续行驶，则必须重新打开点火开关，必要时注意组合仪表中的提示信息。

（3）自动打开驻车示廓灯。

如果点火开关自动关闭时近光灯已开启，则驻车示廓灯在车辆闭锁前会自动打开提醒驾驶员,最长约 15min 后自动关闭所有灯光。

5)车辆进入行驶准备就绪状态可能发生的问题及解决方案

(1)使用未授权智能钥匙。

与其他大众汽车的车型一样,大众 ID.4 纯电动汽车装备了电子防盗止动器系统。

电子防盗止动器可防止他人用未授权的智能钥匙使车辆进入行驶准备就绪状态,并盗驾车辆。如果车内有一把有效的智能钥匙,则电子防盗止动器自动关闭。一旦车内不再有有效的智能钥匙时,电子防盗止动器自动激活。

只有使用厂家原装有效的智能钥匙,才能保证本车正常运行。有效智能钥匙内置电子芯片,用正确编码的智能钥匙方可进入行驶准备就绪状态。

当使用未授权的智能钥匙或出现系统故障时,组合仪表显示屏内会显示相应信息。此时,应使用授权的智能钥匙。

(2)未识别到有效的智能钥匙。

如果智能钥匙里的电池电量低或电量耗尽,则可能出现无法识别智能钥匙的情况,组合仪表显示屏上会显示相应信息。此时,需用应急起动功能起动。

①将智能钥匙置于中控台下部的饮料罐托架中(图 1-1-13)。

②踩下制动踏板或按压起动/停机按钮。

③点火开关自动打开。

图 1-1-13 大众 ID.4 纯电动汽车应急起动功能钥匙放置位置示意图

(3)无法退出行驶准备就绪状态。

如果车辆无法退出行驶准备就绪状态,须通过应急关闭功能退出行驶准备就绪状态。

①车辆制动。

②短时间连续按两次起动/停机按钮,或持续按住起动/停机按钮。

③退出行驶准备就绪状态并关闭点火开关。

(4)电驱动装置或高压车载电网故障。

如果组合仪表点亮电驱动装置或高压车载电网有故障的黄色指示灯(图 1-1-14)(必要时在组合仪表中还会显示一条文本信息),表示电驱动装置或高压车载电网有故障,可以继续行驶,但应尽快到特许经销商处检查电驱动装置。

3.行驶挡位选择

纯电动汽车一般采用单挡减速传动机构,行驶过程中,无须传统变速机构进

图 1-1-14　电驱动装置或高压车载电网有故障指示灯

行速比变化的变速控制,而是通过控制电机转速调节车速(无级变速)。换挡杆的设计较简单,通常采用旋钮式挡位开关。大多数纯电动汽车的换挡杆有 R 挡(倒车挡)、N 挡(空挡)、D 挡(前进挡)三个挡位,部分车型具备 P 挡(驻车挡),有的车型还增加了 E 挡(经济模式挡)。

1)挡位选择开关识别

图 1-1-15 是大众 ID.4 纯电动汽车的挡位选择开关,车辆可选择前进挡 D/B 和倒车挡 R。挡位选择开关带有电子驻车制动器按钮,如需从空挡位置 N 切换到行驶挡,应打开点火开关,踩下制动踏板,并将挡位选择开关沿所需方向转动。

图 1-1-15　大众 ID.4 纯电动汽车挡位选择开关

(1) D-标准前向行驶挡位。

电驱动装置处于标准行驶模式(在激活经济驾驶辅助后,自动实现制动能量回收)。

(2) B-强力制动能量回收挡位。

减速滑行时的强力制动能量回收。

(3) △-行驶挡位切换。

如需在行驶挡 D 和 B 之间切换,则应将挡位选择开关向前转动一次。挡位选择开关始终自动弹回初始位置。再次向前转动挡位选择开关可切换回行驶挡 D。

(4) (P)-电子驻车制动器。

驱动轮处于机械锁死状态。只能在车辆停住时启用。

(5) N-空挡。

电驱动装置处于空挡位置。此时没有动力传递到车轮,且无法使用电驱动装置的制动作用。

（6）R-倒车挡。

倒车挡已启用。只能在车辆停住时挂入。

2）坡道行驶要点

（1）下坡行驶。

下坡行驶时,应尽量采用能量回收模式。切勿处于空挡位置 N 时,让车辆在下坡路段滑行。

（2）上坡停车和起步。

车辆处于行驶准备就绪状态时,如果停在上坡路面或在上坡路面上起步,则应使用自动定车(AUTO HOLD)功能。

如果在已选择行驶挡位的情况下在上坡路面停车,则务必通过踩下制动踏板或开启驻车制动器来防止溜车,在起步时才可松开制动踏板。

当车辆挂入行驶挡时停在上坡坡道,请勿通过踩加速踏板的方式来防止车辆溜车。踩下制动踏板,以避免对电驱动装置施加不必要的负荷。

切勿在空挡(N)位置时让车辆滑行,尤其是在车辆未进入行驶准备就绪状态时。

3）车辆选择行驶挡位可能发生的问题及解决方案

（1）电驱动装置过热。

组合仪表红色故障警告灯点亮(图 1-1-16),组合仪表显示屏显示相应的文本信息。

①一旦可行且安全,应立即停车,并露天停放。

②退出行驶准备就绪状态。

③不要添加冷却液。

④及时联系特许经销商专业人员处理。

（2）无法进行制动能量回收。

组合仪表点亮两个黄色警告灯(图 1-1-17),显示屏显示文本信息"故障:制动能量回收。随车文件!"

图 1-1-16　电驱动装置过热警告灯

图 1-1-17　无法进行制动能量回收警告灯

①制动能量回收有故障。

②可能导致续驶里程受限。

③请到特许经销商处检修。

(3)选择行驶挡位后车辆仍无法移动。

如果车辆未沿所需方向移动,则可能因系统判断而未正确选择行驶挡位。应进行以下操作:

①踩下制动踏板,重新选择行驶挡位。

②如果车辆仍不能沿所需方向移动,则表示系统存在故障。

如果车辆的点火开关关闭、电驱动装置关闭或12V车载蓄电池电量耗尽或无12V车载蓄电池或以较高速度滑行,则可能导致电驱动装置损坏。车辆发生故障应立即联系特许经销商检修。

4. 转向系统操控

1)电控机械式转向系统操控方法

电控机械式转向系统的助力转向会根据车速、转向力矩和车轮转向角度自动调整。电控机械式转向系统只在进入行驶准备就绪时起作用。如果助力转向减小或消失,则转向时需要用明显大于平常的力。切勿退出行驶准备就绪状态让车辆滑行。

警告:如助力转向机构发生故障或不工作,转动转向盘时会非常费力,车辆难以转向,严重影响车辆行驶安全性。

(1)电子转向柱锁止装置(转向锁)。

转向柱电动锁止操作步骤如下。

①停住车辆,打开电子驻车制动器。

②如果点火开关处于打开状态,则按一下起动/停机按钮。

③如果打开驾驶人侧车门,点火开关将自动关闭,转向柱被锁止。

在牵引车辆时,为了防止转向盘锁死并确保能够打开转向信号灯、喇叭、风窗刮水器和车窗玻璃清洗装置,让点火开关保持打开状态。

(2)反向转向辅助功能。

在危急情况下,反向转向辅助功能可为驾驶人提供辅助转向助力,协助驾驶人反向转向,从而稳定车辆。

在危急行驶情况下转向时,协同电子稳定程序(ESP)系统工作,反向转向辅助功能可为驾驶人提供支持。由于反向转向辅助功能不会对车辆施加转向,在任何情况下,驾驶人都必须主动对车辆施加转向。

2）转向系统操控可能发生的问题及解决方案

（1）转向系统有故障红色警告灯点亮或闪烁。

电控机械式转向系统或电子转向柱锁止装置故障时,组合仪表的转向系统有故障红色警告灯点亮或闪烁（图 1-1-18）。

①不要继续行驶,请联系特许经销商专业人员处理。

②当警告灯点亮红色,转向系统可能不灵活,因为电控机械式转向系统已经失灵。

③当警告灯闪烁红色时,转向柱无法解锁。

④只允许从将车辆固定在救援车辆上的方式进行运输。

（2）转向系统有故障黄色警告灯点亮或闪烁。

如果转向系统有故障黄色警告灯点亮或闪烁（图 1-1-19）,转向系统的反应会比平时更迟钝或更灵活。

图 1-1-18　转向系统有故障红色警告灯　　图 1-1-19　转向系统有故障黄色警告灯

①指示灯持续点亮。重新进入行驶准备就绪状态并缓慢地短距离行驶。如果指示灯依然点亮,请前往特许经销商检修。

②指示灯闪烁。

a. 略微来回转动转向盘；

b. 关闭点火开关,然后重新打开；

c. 注意组合仪表显示屏中的信息；

d. 如果在打开点火开关后指示灯继续闪烁,请不要继续行驶,联系特许经销商专业人员处理。

5. 驾驶模式选择

根据车型装备,可选择不同的驾驶模式。车辆调校在各驾驶模式下产生的影响取决于车型装备。

驾驶人可根据当前行驶状况、所需行驶舒适度和节油驾驶方式,通过驾驶模式调整驾驶系统各项特性。可调整的车辆系统包括底盘、转向系统、驱动电机电子控制系统和空调等。

对于带自适应底盘调节系统(DCC)的车辆,在行驶过程中,自适应底盘调节系统(DCC)始终根据当前的路况及行驶状况调整底盘的减振系统。此时,自适应底盘调节系统将根据已选择的驾驶模式进行调节。

1) 驾驶模式选择的方法

在点火开关打开且车辆处于静止状态或行驶中,可以选择驾驶模式。如果在行驶期间选择驾驶模式,驱动装置外的各项车辆调校会立即切换为新的驾驶模式。如果交通状况允许,将脚从加速踏板上短时间移开,可使新选择的驾驶模式针对驱动装置也激活。

(1) 选择驾驶模式的步骤。

图 1-1-20 所示为大众 ID.4 纯电动汽车中控台驾驶模式选择按键。

图 1-1-20　大众 ID.4 纯电动汽车中控台驾驶模式选择按键

① 必要时,打开点火开关。

② 点击中控台上部的按键。

③ 如需切换驾驶模式,反复点击驾驶模式选择按键,直至选中所需驾驶模式,或在信息娱乐系统中直接选择所需驾驶模式。点击信息娱乐系统中的功能按键,会显示已激活驾驶模式的更多信息。

(2) 选择个性化驾驶模式的步骤。

① 点击中控台上部的按键,直至选择驾驶模式个性化。

② 如需打开个性化设置菜单,点击功能按键。

(3) 驾驶模式的特性。

① 经济:使车辆处于低消耗状态,针对低消耗驾驶方式对驾驶人进行辅助。

② 舒适:驾驶模式带来舒适的车辆调校效果,适合不良行驶路面或长时间在高速公路行驶的情况。

③ 运动:赋予驾驶人充满动感的驾驶体验,适合运动型驾驶方式。

④ 动态牵引:将驱动力均匀地分配到前后桥上,并调整底盘的减振系统。这仅适用于四轮驱动车型。

⑤ 个性化:各系统可按照个人意愿进行匹配。

(4) 驾驶模式和车辆系统的标准特性。

① 舒适驾驶模式:打开点火开关时的车辆系统基本设置。

② 关闭和打开点火开关时的驾驶模式特性:取决于车型装备,如关闭点火开

关随后又重新打开,系统依然保留所选择的驾驶模式。

③关闭和打开点火开关时的车辆系统驱动装置特性:如关闭点火开关后重新打开,车辆系统驱动装置的设置将复位为舒适模式,可重新激活之前所选驾驶模式的设置;如关闭点火开关后重新打开,其他车辆系统的设置保持不变。

(5)底盘调节显示(自适应底盘调节系统监控器)。

①打开自适应底盘调节系统监控器。点击中控台上部的按键 [MODE],选择个性化驾驶模式。如需打开个性化设置菜单,点击按键 [三]。点击按键 [i],显示自适应底盘调节系统监控器。

②路面状况显示。自适应底盘调节系统监控器中的大进度条显示道路状况。道路越不平坦,进度条的填充度越高。为了读取路面的变化情况,摆动指针的显示相比当前路面状况稍有延迟。

③当前阻尼力调整。通过四个进度条显示每个车轮当前的阻尼力。设置的阻尼力越大,进度条的填充度越高。每个车轮的滞后指针显示最近几秒设置的最大阻尼力。点击"-",即可减小阻尼力;点击"+",即可加大阻尼力。

2)驾驶模式选择的问题及解决方案

(1)自适应底盘调节系统(DCC)故障。

自适应底盘调节系统(DCC)的黄色故障指示灯点亮(图1-1-21)。在组合仪表显示屏中显示信息"故障:减振器"。车辆可以继续行驶,但应尽快到特许经销商处检修。

图1-1-21　自适应底盘调节系统(DCC)有故障黄色警告灯

(2)驾驶模式或车辆系统的特性不符合预期

注意驾驶模式和车辆系统的标准特性,根据要求操作。

6.其他系统及电气设备操作

新能源汽车装备的其他系统及电气设备操作与传统汽车基本一致,详细内容请参阅对应的《用户手册》及其他技术资料。

二、新能源汽车充电方法

目前,市场上的新能源汽车充电系统均符合国家标准,因此各品牌车型的充电方法基本一致,区别是充电设置程序和充电接口(充电插座)位置有所不同。

以大众 ID.4 纯电动汽车为例,介绍新能源汽车充电的方法,其他车型请参阅对应的《用户手册》及其他相关的技术资料。

1. 充电设置

1)打开充电设置界面

必要时,驾驶人可以打开信息娱乐系统,点击信息娱乐系统车辆设置菜单中的"充电"或"充电场景"功能按键进行充电设置,或当车辆已解锁且已插入充电插头时,信息娱乐系统显示屏会自动打开一个带有充电信息的界面。

(1)车辆设置菜单。

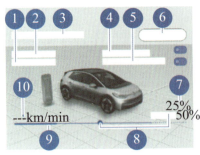

图 1-1-22 充电菜单设置示意图

图 1-1-22 是充电菜单设置示意图。某些显示只在使用了一个充电地点或激活了一个出发时间后才可用。图中序号释义如下。

①充电过程结束、到达计划的出发时间(仅适用于定时充电)或在出发时间前通过驻车空调调节温度(视装备而定,且仅在有电源的情况下)。

②剩余充电时间。

③当前充电设置或已识别的充电地点。

④降低充电电流,如通过一个电路同时驱动多个大型用电器时,充电功率降低且充电时间延长(交流 AC 充电)。

⑤充电结束自动解锁电缆:在交流 AC 充电过程结束后,充电插头被自动释放并可以被拔出。

⑥结束充电。

⑦动力蓄电池(高压蓄电池)当前电量。

⑧动力蓄电池充电上限值(动力蓄电池所需的最高电量)。

⑨动力蓄电池充电下限值(动力蓄电池所需的最低电量)。

⑩以续驶里程增加的方式显示充电功率:将以 km/h 或 km/min 的方式显示在过程中增加的续驶里程,充电功率取决于充电基础设施及动力蓄电池的温度。在充电过程中,充电功率可能会有所变化。

(2)充电菜单中的显示符号。

以下是充电菜单操作中部分符合含义,详情请参阅对应车型的《用户手册》。

充电:用于下一个充电过程的充电设置菜单。

充电场景:充电场景设置菜单。仅在已识别到车辆的地理坐标时使用。

④定时充电:设置出发时间的菜单。为此,必须在充电场景设置菜单中存在一个已保存的充电地点。

🗑删除:删除存储的信息。

ⓧ关闭屏幕:关闭屏幕显示。

(3)充电插头已插入时的显示。

在信息娱乐系统中显示当前充电过程的充电信息。

(4)关闭屏幕。

点击"关闭屏幕"功能按键,或约在2min后自动关闭显示,或将车辆闭锁。

2)设置动力蓄电池充电限值

通过车辆信息娱乐系统中的动力蓄电池充电限值,可使电量以及车辆的续驶里程适应日常需求。

(1)动力蓄电池充电上限值。

在日常使用中,通常不需要将动力蓄电池的电量完全充满。动力蓄电池充电上限值限制了最大充电电量。设置方法如下。

①在信息娱乐系统充电设置菜单中,将调节滑块移动至所需数值。

②也可在充电期间调整动力蓄电池充电上限值。

(2)动力蓄电池充电下限值。

动力蓄电池充电下限值规定了已保存充电地点的最低充电电量。通过该功能可确保最低续驶里程。

①点击信息娱乐系统车辆设置菜单中的"充电地点"功能按键。

②在充电地点设置菜单中,设置动力蓄电池充电下限值。

(3)AC(交流)充电设置示例。

厂家建议为AC(交流)充电进行如下充电设置。

①日常行驶:不需要很长的续驶里程。

a.动力蓄电池充电上限值:最高80%。

b.动力蓄电池充电下限值:在中等至温暖的车外温度下为20%,在凉爽至寒冷的车外温度下为40%。

②长距离行驶:需要较长的续驶里程。

a.动力蓄电池充电上限值:100%。

b.动力蓄电池充电下限值:在中等至温暖的车外温度下为20%,在凉爽至寒冷的车外温度下为40%。

c.避免车辆长时间停放,充电后立即起步行驶。

3）设置充电地点

车辆能够再次自动识别到一个已保存的充电地点,在充电时将自动使用为充电地点进行的设置。

(1)地点数据。

如果创建或使用了一个充电地点,信息娱乐系统将使用车辆最新的地点数据(地理坐标)。

(2)创建充电地点。

①点击信息娱乐系统车辆设置菜单中的"充电场景"功能按键。

②添加并命名充电地点(最多5个)。

(3)删除充电地点。

①点击信息娱乐系统车辆设置菜单中的"充电场景"功能按键。

②点击"删除"功能按键,即可删除已保存的充电地点。

(4)设置要求。

①出发时间(最多3个)。

②降低充电电流(保护电源接口或电网)。

③动力蓄电池充电上限值(动力蓄电池最高所需电量的50%~100%)。

④动力蓄电池充电下限值(动力蓄电池最低所需电量的0~50%)。

⑤通过外部电源管理系统进行管理(取决于车型装备)。车辆与充电站进行通信并考虑家用以外的设置,如光伏发电设备。

⑥首选充电时间。个性化设置充电时间或使用夜间电力充电可避免影响家庭中的其他用电器。

⑦分离充电插头。充电过程结束后,解锁充电插头。

⑧显示地址或地理坐标。

(5)注意事项。

①当前识别到的充电地点总是适用在充电模式中保存的所有充电设置。自动考虑激活的出发时间。在信息娱乐系统中切换到立即充电,即可不在出发时间充电。

②切换到立即充电,以便在未保存出发时间的充电地点进行充电,如信息娱乐系统的退出菜单。

4）设置出发时间(定时充电)

如果存在一个已保存的充电地点,则可以在所需的时间点完成动力蓄电池充电。

(1)设置出发时间步骤。

①点击信息娱乐系统车辆设置菜单中的"充电场景"功能按键。

②打开充电场景设置菜单。

③设置出发时间(最多3个)。内容可包括:a.工作日;b.动力蓄电池应在该时间点充好电;c.使用一次或每周使用;d.驻车空调(取决于车型装备,在到达出发时间时,通过驻车空调将车辆内部空间冷却或加热,所需温度可在驻车空调菜单中设置)。

(2)激活出发时间。

①打开充电地点配置文件。

②如功能按钮里的复选框显示勾号,表示出发时间已激活。

(3)显示符号。

设置出发时间显示符号如下。

🔌:在某个出发时间完成充电已激活。

🌡:在某个出发时间完成空调已激活。

⏱:定期使用出发时间。

(4)充电时间设置注意事项。

①如需使用定时充电功能为动力蓄电池充电,建议使用车辆厂家认可的家用充电站(壁挂式充电桩)进行充电。家用充电站可作为配件订购。

②使用交流电(AC)进行定时充电时,不要在信息娱乐系统中的充电菜单中勾选充电结束自动解锁电缆选项,充电完成后,可先解锁车辆,然后从充电插座中拔出充电插头。

2.充电电缆使用

1)注意事项

如果要为车辆动力蓄电池充电,并且保持较长的充电电缆使用寿命,请注意下列信息和提示。

(1)充电电缆选择。

①为车辆提供哪种充电电缆,取决于供货范围和国家的特定技术要求,如插座的充电插头接口。

②建议仅使用车辆厂家认可及推荐的充电电缆。

(2)充电电缆存放要求。

①充电电缆只可存放在车辆的行李舱内。始终将充电电缆牢固地存放在行

李舱底板下的储物盒中。

②电缆应完全展开或卷起,避免扭结,切勿弯折或在尖锐边缘上弯曲,切勿夹住或碾压。

③儿童不得使用充电电缆。

④远离动物。

(3)保护装置和充电插头相关要求。

①从车辆和电源上移除时,仅拉拔接插件。

②不要触摸充电插头的触点。

③避免暴露在强烈的日照下(车外温度不高于50℃)。

④不要摔落。

⑤不要浸入液体中。

⑥在使用充电电缆后,盖好保护盖。

⑦如果电源插座或电气装置发生故障,请特许经销商的专业人员对电气装置进行处置。

⑧每次使用前都要检查充电插头和充电电缆是否损坏,如裂缝。

⑨请遵守所用安全回路的最大负载规定。如果充电电缆连同其他用电器插在同一个回路的某个插座上,可能会导致电路中的熔断丝熔断。此时,不能再对动力蓄电池进行充电。关闭回路上的其他用电器或选择其他回路。

(4)清洁充电电缆。

①错误的清洁方式可能会损坏充电电缆。

②只能在充电电缆拔下后,对其进行清洁。

③用干燥或稍湿润的抹布擦拭充电电缆表面,注意不能让水进入触点。

④只能使用水进行清洁,请勿使用其他清洁剂。

2)充电电缆类型及特点

(1)充电站的充电电缆。

若使用不合适的充电电缆给动力蓄电池充电,则可能引起短路、重伤和致命电击。可向厂家特许经销商咨询或订购用于充电站的充电电缆(交流AC)。图1-1-23 所示是充电站的充电电缆。

①操作充电站时,请遵守制造商的说明和操作提示。

②请遵守用交流电充电的操作步骤。

③在充电前,请了解充电站提供的充电技术参数。

④充电电流取决于车型装备及充电电缆规格。汽车生产厂家推荐的充电电

缆可用最高 16A 或 32A 的充电电流进行充电。对某些充电电流更高的充电站，无法使用汽车生产厂家推荐的充电电缆进行充电。

⑤务必注意充电站上的信息和显示。在某些支持 32A 的充电站，无法使用 16A 的充电电缆进行充电。

⑥充电电缆不得作为延长电缆使用，否则可能会干扰充电过程。

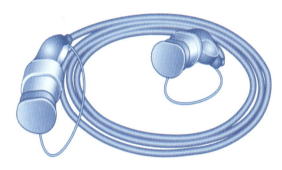

图 1-1-23　充电站的充电电缆

（2）家用电源插座的充电电缆。

可向厂家特许经销商咨询或订购用于车库或其他家用电源插座的充电电缆（交流 AC）。图 1-1-24 所示是电源插座的充电电缆。

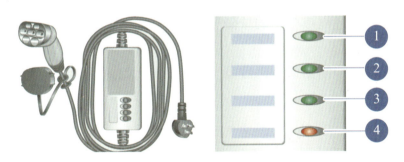

图 1-1-24　电源插座的充电电缆

1-电源连接指示灯；2-充电过程指示灯；3-充电停止指示灯；4-充电故障警告灯

①注意事项。充电时务必注意通过电源插座充电的操作方法，还应注意充电电缆标牌上的信息和安全提示。

②充电保护装置。通过电气保护装置确保车辆的充电插头在插入充电插座前无电；在充电电缆连接到电源插座上时，保护装置将自动自检，自检时所有指示灯点亮，自检完成后，"电源连接指示灯"仍点亮，其他指示灯熄灭；然后，保护装置将显示当前的运行状态。

③运行状态显示。在电源接插件已插入时，"电源连接指示灯"点亮绿色；动力蓄电池正在充电时，"充电过程的指示灯"点亮绿色。

④限制充电电流。充电前可在信息娱乐系统中设置充电电流,充电电缆将充电电流自动限制为电源插座的一个允许值,当多个预设值不同时,会使用更小的值进行充电。

⑤温度监控。

充电电缆配备了保护装置和电源接插件的温度监控功能,当充电电缆过热时,如在过热的行李舱或阳光照射强烈的地方取出充电电缆时,将触发温度监控。

当电缆温度高于55℃且低于80℃时,充电电流将减小至6A,此时"电源连接指示灯"和"充电过程指示灯"点亮,"充电故障警告灯"闪烁。待充电电缆温度冷却至55℃以下时,充电电流将增大至正常水平(8A),但各指示灯显示形式不变。

当电缆温度高于80℃时,充电过程将被中断,"充电故障警告灯"点亮,"电源连接指示灯"闪烁。待充电电缆冷却至70℃以下,充电电缆将重新恢复充电,"电源连接指示灯"和"充电过程指示灯"点亮,"充电故障警告灯"闪烁。待充电电缆进一步冷却至55℃以下,充电电流将增大为正常水平,但指示灯显示形式不变。

如果出现充电过程被中断的故障,请到汽车生产厂家特许经销商处检修。

⑥故障显示。

如果充电电缆控制器识别出故障,则通过指示灯进行显示,具体显示情况见表1-1-3。

充电故障指示灯显示 表1-1-3

故障项目	故障类型	电源连接指示灯	充电过程指示灯	充电停止指示灯	充电故障警告灯
家用电源插座故障	接地故障	闪烁	点亮	点亮	点亮
	交流电压故障	闪烁	点亮	熄灭	点亮
	接插件温度故障	闪烁	熄灭	熄灭	点亮
充电电缆控制盒故障	继电器触点故障	点亮	闪烁	点亮	点亮
	控制盒温度过高	点亮	闪烁	熄灭	点亮
车辆充电接口故障	过流故障	点亮	点亮	点亮	闪烁
	漏电故障	点亮	点亮	熄灭	闪烁
	控制信号故障	点亮	熄灭	熄灭	闪烁
	二极管故障	点亮	熄灭	熄灭	闪烁

重新连接充电电缆后,如果仍存在问题,请前往汽车生产厂家的特许经销商处检修。

如果在充电过程中,供电电源上存在其他连接或者车辆直接位于高电压电缆附近,则可能无法在电源插座上充电,此时需要重新连接其他电源。

3. 动力蓄电池充电

1)注意事项

(1)充电途径。

车辆可以使用以下充电方式。

①通过公共充电站或家用充电站(壁挂式充电桩)充电。公共充电站可以用最大交流 AC 充电功率进行充电。

②通过电源插座交流 AC 充电,必须检查家用电气装置并确保其功能正常,并且应在计划内考虑到较长的充电时间,如整夜。

③通过公共充电站直流 DC 快速充电。采用较高的充电功率充电,充电持续时间显著缩短。注意频繁使用直流电(DC)充电的提示。

(2)剩余电流保护装置。

车辆装备有直流电剩余电流保护装置,该装置可避免充电期间产生的直流电剩余电流通过充电电缆流向家用电气系统。

(3)动力蓄电池使用安全注意事项。

①动力蓄电池电量过低时,行驶可能会导致车辆在道路交通中抛锚、引发事故或人员重伤。

②如果环境温度很低或很高,动力蓄电池的充电可能受到限制。

③在动力蓄电池完全放电的情况下长时间停车时,可能对动力蓄电池造成不可逆的损伤。应立即为电量过低的动力蓄电池充电。

④动力蓄电池仅可在满足各国和地区要求,并至少符合国家标准的充电站充电。

⑤动力蓄电池充电过程不正确,忽视通用的安全防护规定,使用不合适或损坏的插座和充电电缆、通过不合适的电气装置进行充电,以及动力蓄电池处置不当,都可能导致短路、触电、爆炸、着火等事故。

⑥注意车辆充电功率的技术说明,必要时请咨询车辆厂家特许经销商。

⑦频繁使用直流电(DC)大充电功率对动力蓄电池进行快速充电,可能导致动力蓄电池充电容量持续降低。应优先选择用小充电功率为动力蓄电池充电,如使用家用充电站或经过检验的电源插座充电。

⑧如需使用交流电为动力蓄电池充电,车辆厂家建议使用家用充电站或充电站进行充电,此方式比通过电源插座充电具备更高的效率。

(4)充电安全注意事项。

①务必遵守规定的操作步骤顺序,避免因电量存储器中存在剩余电能而造成电击和严重伤害的风险。

②不得在易燃易爆地点充电,避免充电电缆的部件发出火花,将易燃的或爆炸性蒸气点燃。

③只能使用按规定安装、检测且无损坏的插座,以及无故障的电气装置进行充电。定期由具有资质的专业人员检查插座和电气安装。

④只能将充电电缆插接在防水、防潮及防液体浸入的插座上。每次充电都要保护好接插件连接,避免水雾、潮气和其他液体侵入。

⑤只使用车辆厂家认可的充电电缆或充电站的电缆,不得使用损坏的接插件和充电电缆。每次使用前,都要检查充电插头和电缆是否损坏。切勿将充电电缆连同延长电缆、电缆盘、接线板或适配接头(如各国专用的适配接头或定时开关)一起使用。

⑥在充电过程中,不得在车辆中或对车辆进行其他作业。

⑦切勿触碰充电插孔。

⑧充电期间切勿拔出电源接插件。在拔下电源接插件前,务必先结束充电过程,否则充电电缆和电气系统也可能受损。

⑨切勿在一个电路的插座上同时为多辆车充电。每次都应注意所用安全回路的最高负荷值。必要时咨询具有资质的电气安装专业人员。

⑩在起动车辆前,应拔掉充电电缆,并插上护盖,关闭充电口盖。

2)在电源插座或充电站上充电(交流 AC)

(1)正确插入和拔出充电插头。

图 1-1-25 是大众 ID.4 纯电动汽车右后侧充电盖后的充电插座(交流充电口)示意图。

为确保车辆正常充电,应正确插入充电插头。如图 1-1-26 所示,将充电插头平行插入到充电插座中。

①插入充电插头时,如未按下把手上的机械按键,将听到锁止声,且按键自动弹起,则接插件已正确插入。

②插入充电插头时,如按下把手上的机械按键,将没有锁止声,松开按键后,且按键自动完全弹起,则接插件已正确插入。

③拔出充电插头时,需按下把手上的机械按键。

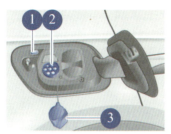

图 1-1-25　大众 ID.4 纯电动汽车充电插座（交流充电口）示意图

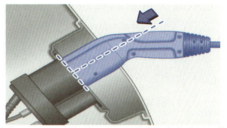

图 1-1-26　大众 ID.4 纯电动汽车正确插入充电插头示意图

1-带充电照明功能的充电过程指示灯;2-交流充电插座;3-保护盖

（2）连接充电电缆。

①首先将充电电缆连接到电源上或将充电电缆从充电站取出,并将充电电缆完全展开。

②如电缆接插件装备有保护盖,应将其拔下。

③电源插座的充电电缆:保护装置执行自检测。

④在车辆解锁状态下,按压车辆右后侧动力蓄电池充电盖,将其打开。

⑤将充电插座的保护盖取下。

⑥将充电插头平行插入到充电插座中,然后检查充电插头是否完全插入,充电插头将自动锁止。

⑦如果车辆充电系统识别到充电插头,充电过程指示灯将闪烁白色。组合仪表上点亮红色"充电"指示灯。

⑧如果连接充电插头,则会在信息娱乐系统中显示当前充电过程的充电信息。

（3）自动开始充电。

①如果未启用预约充电,则充电过程将立即开始。必要时,须启用充电站。

②在充电过程中,充电插头锁止,无法拔除。

③充电时,充电插座上的充电过程指示灯间歇性显示绿色。在组合仪表显示屏上显示剩余充电时间。

（4）结束充电。

在达到所需电量前,如确有必要,可以结束充电过程。

①点击信息娱乐系统屏幕中的"立即结束"功能按键,充电插座上的充电过程指示灯点亮白色。

②当激活充电设置菜单中的"接插件自动释放"后,充电插头将被解锁。

③拔下充电插头并将充电插头重新插入充电插座中,重新开启充电过程。充电插头将重新被锁止。

(5)充电完成。

如果达到所需的电量,充电插座上的充电过程指示灯会点亮绿色,可以执行以下操作。

①解锁车辆。

②在30s内从充电插座中拔出充电插头。

③如果激活了"充电设置"菜单中的"接插件自动释放",在充电过程后将自动松开充电插头。

④从电源上移除充电电缆。如装备有保护盖,要将其重新插上。

⑤关闭充电盖,直至听到卡止声。

3)通过直流(DC)公共充电站快速充电

(1)直流(DC)充电前注意事项。

图1-1-27是大众ID.4纯电动汽车右后侧充电盖后的充电插座(直流充电口)示意图。

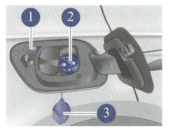

图1-1-27 大众ID.4纯电动汽车充电插座(直流充电口)示意图
1-带充电照明功能的充电过程指示灯;2-直流充电插座;3-保护盖

直流(DC)充电站将交流电转换为直流电,车辆可以通过带有直流电(DC)的充电站充电。与交流电(AC)充电相比,充电功率明显升高,充电时间显著缩短。

直流充电站固定安装的充电电缆最大长度不得超过30m。开始充电前始终要先退出行驶准备就绪。

(2)连接充电电缆。

①解锁车辆,按压车身右后侧的动力蓄电池充电盖,将其打开。

②将充电插座的保护盖取下。

③将充电电缆的充电插头插到充电插座上。

④一旦车辆充电系统识别到充电插头,充电过程指示灯将闪烁白色。组合仪表显示屏上会点亮红色充电指示灯。

(3)自动开始充电过程。

①使用充电站进行充电。

②直接开始充电过程,不要拔下充电插头。

③充电时,充电插座上的充电过程指示灯间歇性显示绿色。组合仪表显示屏上会点亮红色充电指示灯,显示剩余充电时间。

(4)结束充电过程。

在达到所需电量前,如果确实有必要,可以结束充电过程。

①点击信息娱乐系统屏幕中的"立即结束"功能按键。

②拔下充电插头前,充电插座上的充电过程指示灯仍间歇性显示绿色。拔下充电插头后,指示灯显示白色。

(5)充电完成后。

如果达到所需的电量,充电插座上的充电过程指示灯会点亮绿色。

①从充电插座中拔出充电插头。

②插入充电插座保护盖。

③关闭充电盖,直至听到卡止声。

4)充电过程指示灯

如图 1-1-28 所示,充电过程指示灯是充电插座上的一个 LED 灯,照明并显示充电过程状态。充电盖上的标签给出了 LED 灯的显示信息。

图 1-1-28　大众 ID.4 纯电动汽车充电过程指示灯

(1)充电过程显示。

当车辆识别到充电插头时,LED 灯闪烁。LED 灯的颜色及状态含义如下。

①白色 LED 灯。

a. 闪烁:车辆建立与充电设备的通信,充电过程准备就绪。

b. 持续点亮:充电功能未激活。

②绿色 LED 灯。

a. 间歇点亮:动力蓄电池正在充电。

b. 持续点亮:充电过程已完成。

c. 闪烁:定时充电已激活,未开始充电过程。

d. 交替点亮红色:采用降低的充电电流充电以避免车辆抛锚;存在一个故障,如充电插头未完全锁止。

③红色 LED 灯。

持续点亮:充电系统故障,充电过程未开始或已中断。

(2)充电插座照明灯。

在黑暗情况下,充电插座的侧面照明灯有助于车辆的定向。

①打开：车辆已解锁或充电插头已从充电插座中移除。

②关闭：车辆解锁或闭锁后，照明灯在一段时间后自动熄灭。

5）充电系统可能发生的问题及解决方案

（1）电驱动装置故障。

动力蓄电池及其他电驱动装置故障时，可能导致动力蓄电池不能充电。如果组合仪表点亮红色"电驱动装置故障"警告灯，或组合仪表显示屏显示相应的文本信息，高电压组件可能损坏，应联系特许经销商专业人员检修。

（2）充电电缆的保护装置关闭。

在车辆上同时使用带独立电源接口的外部电器时，如车用小冰箱，保护装置在自检测期间会识别到一个错误。

警告：注意顺序。始终应先将充电电缆连接外部电源后再连接充电插座。

（3）快速充电时充电时间延长。

①在采用直流（DC）充电的过程中，充电电流会自动减小，以避免动力蓄电池过热。

②如果在多次连续的快速充电过程后，充电时间暂时延长。

（4）无法进行快速充电。

①信息娱乐系统中的充电设置选项不满足直流（DC）充电要求。删除已保存的充电地点，或取消激活"首选充电时间"。

②直流电（DC）充电站不符合国标要求。使用至少符合《电动汽车传导充电系统　第1部分：通用要求》（GB/T 18487.1—2015）标准的直流电（DC）充电站为车辆充电。

（5）应急解锁充电插头。

图1-1-29是大众ID.4纯电动汽车位于行李舱内右侧盖板后手动解锁充电插头的拉环示意图。

①解锁充电插头的前提条件。

a. 充电插头既没有正确插入，也没有卡住。

b. 车辆已解锁。

c. 充电过程已结束或中断。

d. 在使用交流电（AC）充电时，在充电设置中激活了接插件自动释放。

②如果满足上述前提条件，仍然无法

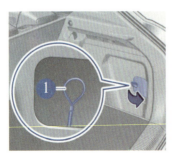

图1-1-29　大众ID.4纯电动汽车手动解锁充电插头的拉环
1—拉环

拔出充电插头,则按下列说明将充电插头应急解锁并拔出。

a. 打开尾门。

b. 转动行李舱内右侧的锁止机构,并打开盖板。

c. 拉动手动解锁充电插头的拉环,然后从充电插座中拔下充电插头。

d. 重新装回盖板并锁止。

技能操作

参照"知识学习"的内容,必要时参考《用户手册》《维修手册》或其他技术资料,执行以下技能操作。

1. 新能源汽车起动与操控性能检查

1)车辆外观部件与操控机构检查

(1)检查车辆外观部件。检查重点是前机舱相关的部件,图1-1-30是大众ID.4纯电动汽车的前机舱。

大众ID.4纯电动汽车起动与操控

(2)检查驾驶区域各操控机构的位置和功能。检查重点是驾驶舱相关的部件,图1-1-31是大众ID.4纯电动汽车的驾驶舱。

图1-1-30 大众ID.4纯电动汽车前机舱　　图1-1-31 大众ID.4纯电动汽车驾驶舱

2)进入和退出行驶准备就绪状态检查

(1)确认车辆智能钥匙在车内,检查钥匙外观和功能,包括钥匙功能键、应急钥匙。图1-1-32是大众ID.4智能钥匙实物图。

(2)车辆状态及点火开关检查。打开和关闭点火(电源)开关,观察组合仪表的显示,确定车辆没有处于充电状态,并验证点火开关自动关闭功能。

(3)进入/退出行驶准备就绪状态。检查进入行驶准备就绪状态的前提条件,分别进行进入、确认、退出行驶准备就绪状态操作,观察电子驻车制动器、组合仪表、门锁、灯光的状态。如图1-1-33所示,确认组合仪表的绿色"READY"在进入行驶准备状态后点亮。

图 1-1-32　大众 ID.4 纯电动汽车智能钥匙实物图

图 1-1-33　进入行驶准备就绪状态

3）行驶挡位选择检查

（1）在确保安全的前提下，操作挡位选择开关，包括标准前向行驶挡位、强力制动能量回收挡位、行驶挡位切换、空挡、倒车挡。

（2）最后选择当前需要的挡位（停车挡）。

如图 1-1-34 所示，确认组合仪表的挡位显示与选择的挡位对应。

4）转向系统操控检查

（1）进行转向盘解锁、锁止操作。

（2）进行左右转向操作，最后转向盘正中位置并锁止。

如图 1-1-35 所示，确认转向盘解锁、锁止及位置正常。

图 1-1-34　选择行驶挡位

图 1-1-35　检查转向盘

5）驾驶模式选择检查

如图 1-1-36、图 1-1-37 所示，分别选择各种驾驶模式，确认车辆能正确进入对应的驾驶模式。

6）其他系统及电气设备操作检查

如图 1-1-38 所示，分别操作空调、灯光、电动车窗等电气设备，确认功能正常。

新能源汽车使用性能与 PDI 检查 | 项目一

图 1-1-36　选择驾驶模式　　　　　　图 1-1-37　选择个性驾驶模式

2. 新能源汽车充电性能检查

1）充电设置

进入车辆设置菜单，进行以下充电相关的设置。

（1）设置动力蓄电池充电限值，包括上下限。

（2）设置充电地点，包括创建、删除充电地点。

图 1-1-38　电气设备功能检查
（调试空调温度）

（3）设置出发时间（定时充电），包括设置、激活出发时间。

（4）选择即时充电。

图 1-1-39 所示是公共充电站即时充电显示界面。

2）充电操作

学习充电注意事项，检查外部直流或交流充电桩、充电电缆、车辆充电接口，然后进行车辆充电操作。

（1）如图 1-1-40 所示，打开充电内外保护盖，连接充电插头。

图 1-1-39　即时充电界面　　　　　　图 1-1-40　连接充电插头

（2）如图 1-1-41 所示，观察组合仪表充电显示。

(3)如图1-1-42所示,拔出充电插头,关闭充电内外保护盖。

图1-1-41 观察组合仪表充电显示

图1-1-42 关闭充电保护盖

任务2 新能源汽车新车交付PDI检查

情境描述

你所在企业的销售主管要求你对一批新到的新能源汽车做PDI检查,你能够完成这个任务吗?

任务目标

▶▶ 知识目标

1. 能够描述新能源汽车新车的使用要求与日常检查;
2. 能够描述新能源汽车PDI检查的内容及要求。

▶▶ 技能目标

1. 能够进行纯电动汽车PDI检查;
2. 能够进行混合动力电动汽车PDI检查。

▶▶ 素质目标

1. 塑造职业道德,弘扬中华传统美德,展示中国工匠可信的形象;
2. 培养良好的工作态度,以科学的态度对待科学;
3. 培养钻研新技术的习惯,不断提出真正解决问题的新理念新思路新办法。

知识学习

一、新能源汽车新车的使用要求与日常检查

新能源汽车与传统汽车的主要区别是电驱动系统,在车身电气、底盘等部件上与传统汽车区别并不大。因此,在 PDI 检查、新车使用与后期的维护中,新能源汽车与传统汽车相同的系统部件可参考传统汽车,针对电驱动系统特有的部件需要按新的要求执行。

1. 新能源汽车新车的使用要求

1)新能源汽车新车磨合

汽车新车磨合也叫走合。汽车磨合期是指新车或车辆大修后的初驶阶段,一般为 1000～3000km,这是保证机件充分接触、摩擦、适应、定型的基本里程。在这期间可以调整提升汽车各部件适应环境的能力,并磨掉零件上的凸起物。汽车磨合的优劣,对使用寿命、安全性、经济性将会产生重要的影响。

新能源汽车新车磨合

(1)新能源汽车新车磨合的特点。

与传统汽车一样,新能源汽车新车期间也需要磨合,但与传统汽车的磨合有区别。

对于纯电动汽车,由于不再有燃油发动机,因此新车期间主要是对底盘各机械系统磨合,特别是制动系统部件。

对于混合动力电动汽车,由于发动机的起动与运转不再受驾驶人控制,因此在新车期间也不需要对发动机进行特殊磨合。混合动力电动汽车底盘系统的磨合与传统汽车基本一致。

(2)新车磨合期注意事项。

新能源汽车进入磨合期后,应进行阶段性能检查与维护,内容包括以下方面。

①磨合前期:清洁全车;紧固外露的螺栓、螺母;补充冷却液;检查电机驱动系统;检查轮胎气压;检查灯光、组合仪表;检查低压蓄电池;检查制动、转向系统。

②磨合期使用过程中:日常注意检查驱动电机、驱动桥、传动轴及轮毂等是否有杂音或有无发热现象;检查制动系统的制动能力及紧固性、密封效果;检查

全车外露螺栓、螺母的紧固情况;使用过程中注意车辆温和驾驶,避免各种激烈驾驶行为。

③磨合结束:按照生产厂家规定的里程数或使用时间到指定服务站进行全车首次维护(首保),主要进行全车油液检查、底盘机械检查、各系统功能检查,以及更换减速器齿轮油;如果是混合动力电动汽车,还需要更换发动机机油、机滤等。

表 1-2-1 所示是部分新能源(电动)汽车首保行驶里程/使用时间的规定,行驶里程/使用时间以先到为准,其他车型及详细内容请参照用户手册。

部分新能源(电动)汽车首保行驶里程/使用时间规定　　表 1-2-1

车辆品牌	行驶里程(km)	使用时间(月数)	备注
大众 ID.4	5000km	6 个月	首保必须更换减速器齿轮油
帝豪 EV300/EV450	3000km	3 个月	
比亚迪 E5	3000km	3 个月	
北汽 EV200	3000km	3 个月	
荣威 E50	3000km	3 个月	
丰田卡罗拉双擎混合动力电动汽车	5000km	3 个月	进行新车安全检查
	10000km	6 个月	首保及 10000km 必须更换机油、机滤

2)新能源汽车动力蓄电池使用要求

新能源汽车(纯电动汽车和混合动力电动汽车)的动力蓄电池需要在新车期间执行相应的维护操作,包括对动力蓄电池的适度放电和充电,初期使用时应注意以下内容。

(1)正确掌握充电时间。在动力蓄电池使用过程中,应根据实际情况准确把握充电时间和充电频次。正常行驶时,如果电量表指示应充电,应停止运行,尽快充电,否则蓄电池过度放电会严重缩短其寿命。充满电后运行时间较短就充电,充电时间不宜过长,否则会形成过度充电,使蓄电池发热。过度充电、过度放电和充电不足都会缩短蓄电池寿命。

(2)定期充电。即便是对续驶里程要求不高,即充一次电可以使用 2~3 天,但还是建议每天充电,使蓄电池处于浅循环状态,延长蓄电池寿命。如果长时间停放车辆,应定期检查蓄电池状态并充电,保持电量充足,避免蓄电池自放电影响蓄电池寿命和过度放电损坏蓄电池。图 1-2-1 所示为大众 ID.4 纯电动汽车组合仪表的动力蓄电池电量显示状态。

2. 新能源汽车的日常检查

1）新能源汽车日常检查的特点

混合动力电动汽车除了注意高压系统外，日常检查与传统汽车基本一致。

纯电动汽车的动力蓄电池组与驱动电机代替了传统汽车的发动机来驱动汽车行驶，其变速器与传统汽车的变速器略有不同，但底盘和车身电气部分与传统汽车基本一致。

图 1-2-1 大众 ID.4 纯电动汽车组合仪表动力蓄电池电量显示状态

对于高压系统，由于车辆控制系统的监控功能很完善，如果组合仪表没有故障警告灯及警告信息，新能源汽车日常检查只需要检查高压部件及导线的外观。

2）低压蓄电池

根据实际的使用情况，新能源（电动）汽车日常检查中需要特别关注的部件是低压蓄电池（也称辅助蓄电池或 12V 蓄电池）。

（1）新能源汽车保留低压蓄电池的原因。

纯电动汽车和混合动力电动汽车理论上也可以省去低压蓄电池，但实际上还是保留了低压蓄电池。这样做有以下两个主要原因。

①保留低压蓄电池能够降低车辆的成本。低压蓄电池能在短时间内向控制单元（模块）、灯光等车身电器释放大电流。如果省去低压蓄电池而将高压动力蓄电池的电力用于车身电器，电源变换器（DC/DC）的尺寸就要增大，从而使车辆的整体成本增加。由于低压蓄电池价格便宜，因此取消低压蓄电池目前还没有成本上的优势。

②确保电源的冗余度。低压蓄电池还具有确保向辅助类电器供电的冗余度的作用。电源变换器出现故障停止供电时，如果没有低压蓄电池，辅助类电器就会立即停止运行，如夜间车灯不亮、雨天刮水器停止运行等，影响驾驶安全。反之，便能够将车辆驾驶到家里或者就近的维修工厂。

（2）新能源汽车低压蓄电池的特点。

纯电动汽车的低压蓄电池不需要给起动机提供起动时的大电流，容量可以变小。混合动力电动汽车低压蓄电池结构和类型也与传统汽车有所区别。例如，比亚迪秦低压蓄电池与传统汽车的区别如下。

①用于发动机的起动正极与其他用电器的供电正极分开。

②蓄电池内部具有蓄电池管理系统（BMS），用于对蓄电池进行智能控制。如果蓄电池电压低时，可关闭多媒体系统的电源。

图1-2-2所示是大众ID.4纯电动汽车的低压蓄电池；图1-2-3所示是比亚迪秦混合动力电动汽车12V蓄电池。

图1-2-2　大众ID.4纯电动汽车低压蓄电池

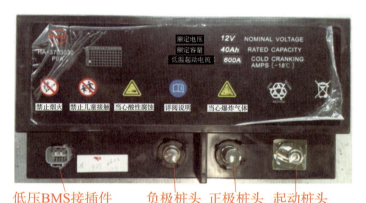

图1-2-3　比亚迪秦混合动力电动汽车12V蓄电池

二、新能源汽车新车PDI检查的内容及要求

PDI指售时整备，PDI检查即商品车交付客户之前的检查，也称"汽车移交检查"。各品牌新能源汽车PDI检查的内容及要求基本相同，具体要求请参照厂家相关文件。

1. PDI检查的分类及流程

PDI检查一般分为三个类别。

1）出库PDI检查

商品车交付物流公司发运前进行的质量状态检查。出库PDI检查的流程如图1-2-4所示。

2）接车PDI检查

商品车送达经销商处，经销商进行车辆质量状态验收检查。接车PDI检查的流程如图1-2-5所示。

3）销售PDI检查

商品车交付最终客户前，经销商进行的车辆质量状态检查。销售PDI检查的流程如图1-2-6所示。

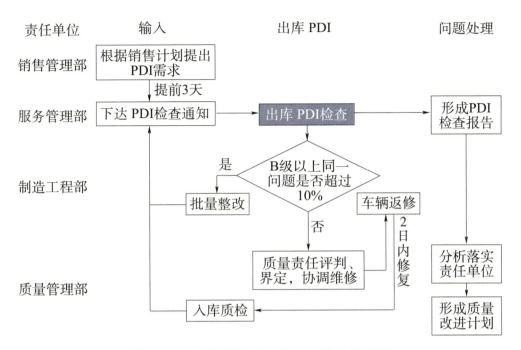

图 1-2-4　新能源汽车出库 PDI 检查的流程

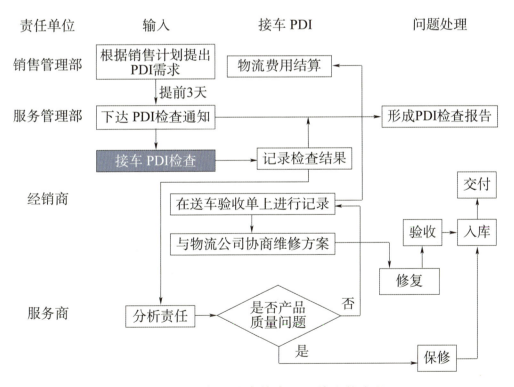

图 1-2-5　新能源汽车接车 PDI 检查的流程

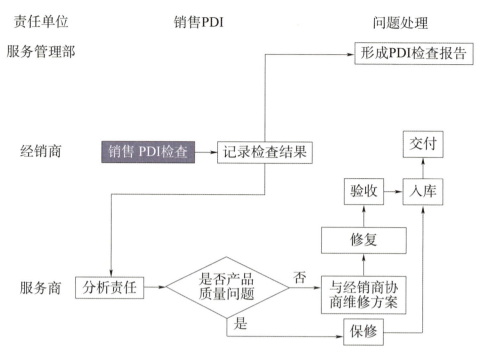

图1-2-6 新能源汽车销售PDI检查的流程

2. PDI检查的内容及要求

经销商的接车PDI检查、销售PDI检查应根据汽车生产厂家的要求执行,填写并提交相关的表格文件。表1-2-2所示是典型的三级PDI检查内容及要求。

新能源汽车三级PDI检查内容表　　　　　表1-2-2

检查项目	检查内容	出库PDI检查	交车PDI检查	销售PDI检查
基本检查				
1.外观检查	全车漆面、前后风窗玻璃、左右车窗、前后车灯表面无磕碰、划伤;车顶装饰条粘贴良好无损坏;车门、机盖、灯具安装各部缝隙均匀,过渡无明显阶差	√	√	√
2.轮胎检查	轮胎表面无割伤,胎压正常;轮辋及螺栓无划伤、生锈;翼子板内衬齐全	√	√	√

续上表

检查项目	检查内容	出库 PDI 检查	交车 PDI 检查	销售 PDI 检查
3.内饰检查	门内侧、门框、转向盘、仪表台、挡位、中央扶手箱、座椅、地毯、车顶内饰安装可靠,无划伤,无脏污,车内无杂物	√	√	√
前机舱内检查				
1.整体目视检查	前机舱中的部件有无渗漏及损伤	√	√	√
2.冷却液液位	液位应在 max 和 min 之间	√	√	√
3.制动液	储液罐及软管有无漏液或损伤,液位应在 max 和 min 之间	√	√	√
4.玻璃洗涤液液位	液位应在 max 和 min 之间	√	√	√
5.蓄电池	状态、电压,蓄电池接线螺栓是否紧固	√	√	√
6.线束/配置	不干涉,不松动(注意:橘黄色电线为高压线,请勿触动),各线束接头连接有效锁止;高压线束无死弯、护套无破损;DC/DC 变换器负极与车身搭铁螺栓紧固正常	√	√	√
车辆功能检查				
1.遥控器及钥匙	遥控器及机械钥匙可以有效锁闭及开启车辆 5 门;锁闭后,后视镜收起,闪烁灯	√		√
2.车门及行李舱	4 个车门及行李舱开启和关闭正常	√		√

续上表

检查项目	检查内容	出库 PDI 检查	交车 PDI 检查	销售 PDI 检查
3. 车门窗	4 个车窗的玻璃升降正常	√		√
4. 中控门锁	使用正常	√		√
5. 主驾和副驾座椅	座椅调节正常,安全带拉伸及锁闭正常	√		√
6. 仪表盘指示灯	上电后各项检测指示灯数秒后正常熄灭	√		√
7. 导航仪及收音机	使用正常	√		√
8. 转向盘	上下调节正常,喇叭正常,媒体调节按钮使用正常,转向盘安装正常	√		√
9. 照明灯光	远光灯、近光灯、雾灯、行李舱灯、光束调节系统使用正常	√		√
10. 指示灯光	转向灯、警示灯、制动灯、倒车灯、牌照灯、示廓灯使用正常	√		√
11. 刮水器	喷水器正常,前后刮水器工作正常	√		√
12. 空调	制冷和制热正常,风量调节正常,各出风口正常	√		√
13. 后视镜（高配）	两侧及车内后视镜是否正常调节	√		√
14. 天窗(高配)	天窗开关正常	√		√
15. 车内灯	使用正常	√		√
16. 遮阳板及化妆镜	使用正常	√		√
17. 机舱盖,充电口盖	开启、闭合正常	√		√

续上表

检查项目	检查内容	出库 PDI 检查	交车 PDI 检查	销售 PDI 检查
18.倒车雷达/影像	使用正常	√		√
19.换挡机构及驻车制动器	操作功能正常	√		√
20.数据采集终端	平台是否可以监控	√		√
21.充电功能	快、慢充功能正常	√		√
22.10km 路试	转向、制动、能量回收功能、驻坡能力(20%坡度)、制动真空泵起动正常;行驶有无跑偏、摆振;直线行驶转向盘是否对正	√		
配备检查					
1.铭牌及随车资料	铭牌有粘贴;随车资料(导航手册)齐全,资料信息与车辆一致	√	√	√
2.随车工具	随车工具(备胎、工具三件套、千斤顶)齐全	√	√	√
其他检查					
出租车配备	计价器及计价器遥控面板、顶灯及顶灯钥匙、空车牌、驾驶员信息栏、禁止吸烟贴、座套(两套)	√	√	√

> **技能操作**

参照"知识学习"的内容,必要时参考《用户手册》《维修手册》或其他技术资料,执行以下技能操作。

1. 纯电动汽车 PDI 检查

以大众 ID.4 纯电动汽车销售 PDI 检查(汽车移交检查)内容和要求,进行 PDI 检查操作,并填写表 1-2-3。

大众 ID.4 纯电动汽车 PDI 检查卡   表 1-2-3

PDI 检查卡		
购买车型：	车身颜色：	初始里程数：
底盘号(后 8 位)：		电动机号(9 位)：
下表是与车辆相关的文件及随车工具,如无问题请在相应的方框内打√		
随车文件、工具及附件		(1)证件及使用说明。 □车辆合格证 □使用说明书 □维护手册 □三包凭证 □车辆一致性证书 □底盘号拓印件 □电机号拓印件 □救援手册 □救援信息卡 □所有证件、车辆铭牌底盘号与车架号相符 其他
^ ^		(2)随车工具及附件。 □遥控钥匙(个)□牵引环 □三角警示牌 □轮胎螺栓罩盖钩 其他
下表是与性能及质量相关的检查项,如无问题请在相应的方框内打√		
车辆状况确认		(1)外观检查。 □车身清洁、表面完好无损 □车内干净整洁、无脏污、无破损 □车辆配置无误 □车身及内饰颜色无误 □警告标签完好(胎压、气囊等) □高压充电插座无脏污无损坏 □高压警示标志完好(前机舱、充电口)
^ ^		(2)前机舱检查。 □无油液渗漏 □管路及线束安装正常 □冷却液、制动液液位 □12V 蓄电池固定情况、正极/负极紧固情况 □用检测仪检测 12V 蓄电池并附上检测单
^ ^		(3)举升检查。 □底盘无渗漏、无损伤 □底盘件安装正常 □去掉运输固定装置(若有)
^ ^		(4)主要功能检查。 □遥控钥匙 □车门中控锁按键 □内外灯光 □内外后视镜调整 □车窗及天窗 □空调系统 □收音机及导航 □风窗清洗 □调整时钟 □停车辅助(如有) □安全带锁止及高度调整 □座椅及转向盘调整 □轮胎气压调整及胎压监控复位 □其他电气功能检查
^ ^		(5)车辆状况检查。 □动力系统功能 □制动系统功能 □转向系统功能 □仪表无报警提示 □高压蓄电池电量≥80% □查询各控制单元故障存储,清除故障记忆

续上表

PDI 检查卡
经现场检查、调试,车辆外观、内饰完好,随车工具齐全,随车文件齐全且外包装无脏污破损,车辆各项功能正常车况良好。
维修技师:　　　　　　　销售顾问:　　　　　　　顾客签字确认: 　　　　　　　　　　　　　　　　　　　　　　　　　　PDI 章 日期:　　　　　　　　　　日期:
注意事项: (1)随车文件及工具因车辆类型不同而存在一定差异,交车中如存在上述表格中不一致的随车文件或工具,请到其他栏目中注明。 (2)随车文件均为原件,请妥善保管。 (3)本表一式两份,第一联经销商保存,第二联客户保存

2. 混合动力电动汽车 PDI 检查

混合动力电动汽车 PDI 检查内容和要求与传统汽车基本一致,但必须注意高压系统相关的部件。进行 PDI 检查操作,并填写表1-2-4。

新车 PDI 检查表　　　　　表 1-2-4

车身颜色:＿＿＿＿＿　车架号:＿＿＿＿＿＿＿＿＿　检查日期:＿＿＿＿＿

外观与内饰	□内部与外观缺陷(如变形、擦伤、锈蚀及色差等) □油漆、电镀部件和车内装饰 □关闭车门检查缝隙情况 □车玻璃有无划痕 □随车物品、合格证、工具、备胎、使用说明书 □VIN 码、铭牌 □示廓灯及牌照灯 □前照灯(远近光)、雾灯开关 □制动灯和倒车灯	室内检查与操作	□制动踏板高度与自由行程 □加速踏板自由行程与操作 □转向盘自由行程 □收音机调节 □转向盘自锁功能 □驻车制动调节 □遮阳板、内后视镜 □室内照明灯 □前后座椅安全带及安全带提示灯 □座椅靠背角度及头枕调整 □加油口盖的开启 □储物箱的开启及锁定	点火开关及车门装置	□组合仪表灯及性能检查 □门灯;中门儿童锁 □车门、门锁工作是否正常 □门边密封条接合情况 □钥匙的使用情况 □滑动门的工作情况,必要时加润滑脂

续上表

发动机舱	□制动液液位及缺油警告灯 □发动机机油液位(混合动力) □冷却液液位及浓度 □玻璃清洗剂液位 □节气门 □离合器	室内检查与操作	□前后刮水器及清洗器的工作情况 □点烟器及喇叭的操作	点火开关及车门装置	□蓄电池和起动机的工作及各警告灯的显示情况 □手动车窗及开关
底部及悬架系统	□底部状态及排气系统　　□变速器液位 □制动管路有无泄漏或破损 □轮胎气压(包括备胎)(前轮:220kPa;后轮:250kPa) □燃油系统管路有无泄露或破损 □确认所有车轮螺母转矩 □悬架的固定 □齿轮、齿条护罩情况 □确认安全部件螺母转矩			驾驶试验	□制动器及驻车制动的效果 □转向盘检查与自动回正 □变速器换挡操作 □离合器、悬架系统工作情况
热态检查	□燃油、防冻剂、冷却液、制动液及废气的渗漏 □蓄电池电压≥12V,READY 时≥13.5V □冷却风扇的工作情况 □热起动性能 □有无其他异响				
故障描述					
处理方法					

注意事项:以上检查项目:合格"√"、异常"×"

新能源汽车常规维护内容与操作规范

本项目介绍新能源汽车常规维护内容与操作规范,分为2个任务。

任务1 新能源汽车一级维护内容与操作规范;

任务2 新能源汽车二级维护内容与操作规范。

通过以上任务的学习,能够掌握新能源汽车维护标准及作业内容,以及新能源汽车首次维护和定期维护的要求、作业内容与操作规范。

任务1 新能源汽车一级维护内容与操作规范

📖 情境描述

作为一名新能源汽车维修技师,你的主管分配你完成纯电动汽车一级维护操作,特别是需要进行高压系统绝缘电阻检测,你能完成这个任务吗?

📖 任务目标

▶ **知识目标**

1. 能够描述新能源汽车维护与传统汽车维护的区别;
2. 能够描述新能源汽车维护的行业标准。

▶ **技能目标**

1. 能够进行新能源汽车绝缘电阻检测;
2. 能够进行新能源汽车一级维护操作。

▶ **素质目标**

1. 塑造职业道德,弘扬中华传统美德,展示中国工匠可信的形象;

2.培养良好的工作态度,以科学的态度对待科学;
3.培养钻研新技术的习惯,不断提出真正解决问题的新理念新思路新办法。

知识学习

一、新能源汽车维护与传统汽车维护的区别

汽车在行驶中,由于受各种因素的影响,零部件必然会逐渐产生不同程度的自然松动、磨损和其他机械损伤,如果不及时采取必要的技术措施,汽车的动力性、经济性将变差,可靠性也将随之降低。汽车维护就是为了减少机件磨损,保证汽车具有良好工作性能,预防故障发生和延长车辆使用寿命而采取的维持性技术措施。新能源汽车也是汽车的一种类型,同样要进行日常的维护。

新能源汽车与传统汽车的驱动方式有差异,在车辆维护方面的区别如下。

(1)新能源汽车维护操作中必须注意高压电的安全防护。

(2)传统汽车主要针对的是发动机系统的维护,需要定期更换机油、机油滤清器等发动机相关的运行材料;由于纯电动汽车是靠电机驱动,因此,不需要更换机油、机油滤清器、汽油滤清器、空气滤清器等运行材料,纯电动汽车主要是针对动力蓄电池组、驱动电机以及高压部件等进行检查与维护;混合动力电动汽车比传统汽车增加了与纯电动汽车类似的高压电驱动系统维护。

(3)新能源汽车和传统汽车底盘和车身电气结构基本相同,因此新能源汽车除了注意高压安全及使用的运行材料有特殊要求外,其他与传统汽车的维护基本相同。

二、新能源汽车维护的行业标准

严格执行车辆的维护计划和规范操作,是保证行车稳定、减少故障发生、安全经济使用车辆的前提。

我国交通运输部于2020年10月30日发布、2021年2月1日实施的行业标准《纯电动汽车维护、检测、诊断技术规范》(JT/T 1344—2020),规定了纯电动汽车维护的作业安全和作业要求,以下介绍相关的内容。

纯电动汽车维护项目分为常规维护和电动系统专用装置维护,常规维护是指为维持纯电动汽车上的制动系、转向系、行驶系、传动系等机械系统(部件)及

低压电气系统的完好技术状况或工作能力而进行的作业。该部分的维护作业按照现行国家标准《汽车维护、检测、诊断技术规范》(GB/T 18344)的规定执行。

维护作业安全和要求

电动系统专用装置维护是指为维持纯电动汽车上的高压系统及其相关附件的完好技术状况或工作能力而进行的作业。依据现行部令规章,将纯电动汽车维护分为日常维护、一级维护和二级维护,其中,日常维护由驾驶员进行,一级维护和二级维护由专业人员进行。

1)维护作业安全

(1)维护作业场地应干燥,并设置警示隔离区和警示牌。

(2)维护作业区域应配备消防及高压防护应急设备,包括但不限于消防剪、消防沙、消防铲、灭火器、防毒面罩和绝缘棒等。

(3)纯电动汽车高压系统(以下简称"高压系统")维护作业人员应取得电工特种作业操作证,并经专业培训合格后上岗。

(4)高系统维护作业时,应由不少于2人协同操作,维护作业人员应遵守电工安全操作规范。

(5)高压系统维护作业人员应穿戴安全防护装备,使用具有绝缘防护的作业工具,禁止佩戴金属饰品进行作业。安全防护装备应包括但不限于绝缘手套(耐压等级在1000V以上)、绝缘鞋、眼护具、安全帽等。防护装备和作业工具应无破损,绝缘有效。

(6)高压系统维护作业前,应按照关闭车辆电源总控制开关、断开辅助蓄电池正负极或关闭辅助蓄电池开关手柄、关闭高压维修开关的顺序(或按照车辆《维修手册》规定的顺序)对车辆进行断电,确认动力蓄电池高压输出线路系统的正负极电压低于36V,且绝缘阻值符合车辆《维修手册》规定后,方可进行维护作业。维护作业完成后,应按照车辆断电的逆向顺序(或车辆《维修手册》规定的顺序)对车辆进行通电复位。

(7)车辆《维修手册》规定有其他操作安全和故障防护特殊要求的,还应遵循其相关规定要求。

2)维护作业要求

(1)一般要求。

①纯电动汽车维护分日常维护、一级维护和二级维护。日常维护由驾驶员在出车前、行车中和收车后执行,一级、二级维护由专业人员执行。

②一级、二级维护周期应按照车辆《维修手册》、使用说明书及GB/T 18344

的规定,结合车辆类别、车辆运行状况、行驶里程、道路条件和使用年限等确定。

③纯电动汽车维护分为常规维护和电动系统专用装置维护。常规维护应按照 GB/T 18344 的规定进行。

④二级维护的作业流程参照 GB/T 18344 的规定进行。

⑤纯电动汽车应按照车辆《维修手册》或使用说明书要求的频次和方法对动力蓄电池进行均衡。

(2)日常维护。

①电动系统专用装置日常维护作业项目和要求见表 2-1-1。

电动系统专用装置日常维护作业项目和要求　　　表 2-1-1

序号	作业项目	作业要求
1	仪表、信号指示装置	(1)检查仪表外观及指示功能,仪表应完好有效,指示功能应正常。 (2)检查信号指示装置,信号指示应无异常声光报警和故障提醒。 (3)检查电池荷电状态(SOC)示值或参考行驶里程示值情况,示值应符合车辆《维修手册》的规定
2	驱动电机系统	(1)检查运行工作状况,运行应平稳,且无异常振动和噪声。 (2)检查系统外观及连接管路,表面应清洁,管路应无渗漏现象
3	冷却系统	(1)检查风冷过滤网外观,过滤网应洁净、无破损。 (2)检查运行工作状况,运行过程中应无异常噪声和渗漏现象。 (3)检查冷却液液面高度,液面高度应符合车辆《维修手册》的规定
4	充电插孔	(1)检查充电插孔外观,插孔应无烧蚀、异物,插座应清洁、干燥。 (2)检查防护盖,防护盖应锁闭完好
5	电器舱、电池舱	(1)检查电器舱舱门和电池舱舱门的关闭状态,舱门锁闭应完好有效。 (2)鼻嗅检查,舱体周围应无刺激或烧焦等异味

②驾驶员在日常维护过程中发现异常应及时报修。

(3)一级维护。

电动系统专用装置一级维护作业项目和要求见表2-1-2。

电动系统专用装置一级维护作业项目和要求　　　表2-1-2

序号	作业项目		作业要求
1	整车绝缘		检查整车绝缘电阻监测系统,绝缘电阻监测系统无报警,如存在异常情况,参照《纯电动汽车维护、检测、诊断技术规范》中附录A进行检查并记录,绝缘电阻应符合 GB 18384 的规定
2	动力蓄电池系统	工作状况	(1)检查仪表显示的 SOC、电压、电流、温度等示值,示值应符合车辆《维修手册》的规定。 (2)检查电池箱压力阀的外观,阀体应无破损和堵塞
		外观	(1)检查电池舱舱盖,电池舱舱盖应锁闭正常且无变形。 (2)检查电池箱壳体表面,壳体表面应无异常变形和破损,无磕碰及损坏,无异味和异常渗漏。 (3)检查电池托架结构表面,托架结构表面应无异常断裂、变形和锈蚀。 (4)检查系统表面是否存在积尘或杂物,对存在积尘或杂物的,应使用风枪或毛刷进行清洁,外表面应无明显积尘或杂物,且干燥。 (5)检查电池外部高低压接口,高低压接口内部应无水迹、烧蚀等痕迹,低压通信接口端子应无变形或松动现象。 (6)检查高压线束及接插件,高压线束应无破损,与车辆运动部件无干涉,接插件清洁、无破损。 (7)检查动力蓄电池管理系统壳体、连接线束及接插件壳体及连接线束应清洁、干燥接插件完好,线路布设无干涉
		冷却系统	(1)检查冷却液高度,视情补给或更换冷却液,液面高度应符合车辆《维修手册》的规定。 (2)检查冷却管路固定情况,软管与硬管连接处无异常渗漏,管路布设无干涉。 (3)检查散热器或冷却装置的外观,外观应清洁,连接管路应固定可靠且无异常泄漏

续上表

序号	作业项目		作业要求
3	驱动电机系统	外观	(1)检查驱动电机箱体、减速器箱体及驱动电机控制器壳体外表面,外表面应无明显积尘、渗漏或裂纹,且应清洁、干燥。 (2)检查高压线束,线束应无破损和老化现象,接线柱无氧化腐蚀现象。 (3)检查连接线束,线束应清洁、干燥且线路布设无干涉
		冷却系统	(1)检查冷却液液面高度,视情补给或更换冷却液,液面高度应符合车辆《维修手册》的规定。 (2)检查冷却管路的固定情况,软管与硬管连接处应无异常渗漏,管路布设无干涉
		润滑系统	检查润滑系统,视情补给或更换润滑油脂,润滑油液位或润滑脂使用应符合车辆《维修手册》的规定
4	高压配电系统		(1)检查各系统配置及系统箱体外表面是否存在积尘或杂物,对存在积尘或杂物的,应使用风枪或毛刷对箱体外部、内部各装置及相关插接件表面等进行清洁,外表面应无积尘或杂物,且干燥。 (2)检查主开关通断情况,主开关通断功能应有效,开关动作灵活,无卡滞现象,并紧固熔断器接线螺母,熔断器接线螺母应固定牢靠
5	高压维修开关		(1)检查维修开关工作状态及外观,应无松动发热现象,无烧蚀变形。 (2)检查插拔、通断连接情况,插拔、通断过程中应无卡滞现象
6	车载充电机		(1)检查充电机外表面是否存在积尘或杂物,对存在积尘或杂物的,应使用风枪或毛刷进行清洁,外表面应无积尘或杂物,且干燥。 (2)检查充电工作状态,充电连接配合正常,充电保护有效
7	电源变换器		检查变换器外表面是否存在积尘或杂物,对存在积尘或杂物的,应使用风枪或毛刷进行清洁,外表面应无积尘或杂物,且干燥

续上表

序号	作业项目	作业要求
8	电动空气压缩机	(1)检查电机运行状况,电机运行应无异响。 (2)检查电机机体和控制器壳体等外表面是否存在积尘或杂物,对存在积尘或杂物的,应使用风枪或毛刷进行清洁,外表面应无积尘或杂物,且干燥。 (3)检查连接线束、接线柱,线束应无破损老化,接线柱应无氧化腐蚀。 (4)检查控制器连接线束,线束应清洁、干燥且布线规范。 (5)检查电机润滑系统,视情补给或更换润滑油脂,润滑油液位或润滑脂使用应符合车辆《维修手册》的规定。 (6)检查电动空气压缩机管路,管路应无漏气现象。 (7)检查空气滤清器或油滤清器,并按规定里程或时间更换滤清器,滤清器应清洁且无破损
9	转向系统	(1)检查转向电机工作状况,电机运行应无异响。 (2)检查电机机体和控制器壳体外表面是否存在积尘或杂物,对存在积尘或杂物的,应使用风枪或毛刷进行清洁,外表面应无积尘或杂物,且干燥
10	空调系统	(1)检查空调系统风机工作状况,风机运转应正常,且无异响。 (2)检查系统各管路连接情况,各管路应连接可靠且无松动。 (3)检查电动空调压缩机、正温度系数(PTC)加热器、蒸发器及冷凝器等外表面是否存在积尘或杂物,对存在积尘或杂物的,应使用风枪或毛刷进行清洁,外表面应无明显积尘或杂物,且干燥。 (4)检查系统连接管路外表面,管路应无渗漏、破损
11	电除霜器	检查电除霜器外表面,外表面无尘土杂物堵塞

续上表

序号	作业项目	作业要求
12	充电插孔	(1)检查保护盖开启和锁闭情况,保护盖的开启锁闭功能有效。 (2)检查充电插孔接插情况,接插应可靠无松脱。 (3)检查充电插孔外表面,表面应无异物、烧蚀及生锈痕迹,插座内部应干燥、清洁
13	整车线束、接插件	(1)检查整车线束外表面,线束绝缘层应无老化、破损,且无裸露。 (2)检查整车接插件外表面是否存在积尘或杂物,对存在积尘或杂物的,应使用风枪或毛刷进行清洁,外表面应无积尘或杂物,且干燥
14	制动能量回收系统	检查制动能量回收系统工作状况,仪表显示的制动能量回收反馈信息应正常有效
15	高压警告标记	检查高压警告标记是否完好、规范、清晰,粘贴是否牢固、无脱落

(4)二级维护。

①使用诊断仪对电动系统专用装置进行进厂检验,读取故障码并确定应维护的项目。

②根据驾驶员反馈的车辆技术状况和电动系统专用装置进厂检验结果确定电动系统专用装置附加作业项目。

③电动系统专用装置二级维护作业项目包括表2-1-2和②确定的附加作业项目,并在此基础上有所增加,增加的作业项目和要求见表2-1-3。

电动系统专用装置二级维护作业项目和要求　　　　表2-1-3

序号	作业项目	作业要求
1	动力蓄电池系统	(1)检查系统安装固定情况,紧固动力蓄电池箱体及托架、动力蓄电池管理系统箱体等固定螺栓,紧固力矩应符合车辆《维修手册》的规定。 (2)检查高压线束、接线柱等连接固定情况,线束及接线柱的连接应固定可靠、无松脱;紧固动力蓄电池及动力蓄电池管理系统的正负极接线柱固定螺栓,紧固力矩应符合车辆《维修手册》的规定。

续上表

序号	作业项目	作业要求
1	动力蓄电池系统	（3）检查线束固定情况、接插件连接情况，线束应固定可靠、无脱落，接插件应锁紧可靠。 （4）根据车辆《维修手册》要求进行气密性检查，系统气密性符合车辆《维修手册》的规定
2	驱动电机系统	（1）检查系统安装固定情况，紧固力矩应符合车辆《维修手册》的规定。 （2）检查高压线束、接线柱等连接固定情况，线束及接线柱的连接应固定可靠、无松脱；紧固驱动电机的三相接线柱、电机控制器的三相接线柱及正负极接线柱的固定螺栓，固定螺栓的紧固力矩应符合车辆《维修手册》的规定。 （3）检查线束固定情况、接插件连接情况，线束应固定可靠无脱落，接插件应锁紧可靠。 （4）视情或按《维修手册》规定里程及时间要求更换轴承。 （5）检查电机高压接线盒内部状况，接线盒内部应干燥、无冷凝水
3	高压配电系统	（1）检查系统安装固定情况，紧固高压配电装置及系统箱体的固定螺栓，紧固力矩应符合车辆《维修手册》的规定。 （2）检查高压线束、接线柱等连接固定情况，线束及接线柱的连接应固定可靠、无松脱。 （3）检查线束固定情况、接插件连接情况，线束应固定无脱落接插件应锁紧可靠
4	高压维修开关	检查固定情况，紧固固定螺栓，紧固力矩应符合车辆《维修手册》的规定
5	车载充电机、电源变换器	（1）检查机体安装固定情况，紧固固定螺栓，紧固力矩应符合车辆《维修手册》的规定。 （2）检查高压线束及其接插件之间的连接固定情况，线束及接线柱的连接应无松脱

续上表

序号	作业项目	作业要求
6	电动空气压缩机	（1）检查电机机体和控制器壳体安装情况，紧固安装固定螺栓，紧固力矩应符合车辆《维修手册》的规定。 （2）检查高压线束、接线柱等连接固定情况，紧固电机三相接线柱固定螺栓，紧固力矩应符合车辆《维修手册》的规定。 （3）检查控制器线束固定情况、接插件连接情况，线束及接线柱的连接应无松脱
7	转向系统	（1）检查转向电机机体和控制器壳体安装固定情况，紧固力矩应符合车辆《维修手册》的规定。 （2）检查高压线束、接线柱等连接固定情况，紧固转向电机的三相接线柱、电机控制器的三相接线柱及正负极接线柱的固定螺栓，紧固力矩应符合车辆《维修手册》的规定。 （3）检查控制器线束固定情况、接插件连接情况，线束应固定无脱落，接插件应锁紧可靠
8	空调系统、电除霜器	检查部件安装固定情况，固定螺栓的紧固力矩应符合车辆《维修手册》的规定
9	整车线束、接插件	检查线束固定情况和接插件连接情况，线束固定可靠、无脱落，接插件应锁紧可靠

④电动系统专用装置二级维护竣工项目和要求见表2-1-4。

电动系统专用装置二级维护竣工检验项目和要求　　　　表2-1-4

序号	检验项目	检验要求
1	故障码	使用诊断仪进行故障诊断，应无故障信息
2	仪表、信号指示装置	仪表和信号指示装置的功能应正常，且无异常信息
3	灭火装置	灭火装置应无报警信号，压力值在正常范围内，产品装置在有效期内
4	充电状态	充电连接应配合正常，充电保护应有效
5	外观	（1）高压系统部件应干燥干净，无异物、积尘、变形破损。 （2）线束、接插件应无积尘、破损和老化。 （3）高压警告标记应齐全、规范、清晰且固定完好

续上表

序号	检验项目	检验要求
6	固定情况	高压系统部件应安装牢固,线束固定可靠,接插件应锁紧可靠
7	冷却(散热)系统	动力蓄电池系统、驱动电机系统等系统冷却功能应正常有效
8	密封性	无漏油、漏液、漏气
9	路试检查	(1)车辆应起动正常,起步、加速平稳且无明显冲击,动力传输应无异响。 (2)转向应轻便,无卡滞现象;行车制动过程中制动能量回收功能正常

技能操作

参照"知识学习"的内容,必要时参考《用户手册》《维修手册》或其他技术资料,执行以下技能操作。

1. 新能源汽车绝缘电阻检测

检查整车绝缘电阻监测系统,绝缘电阻监测系统无报警,如存在异常情况,应使用绝缘测试仪(绝缘电阻检测仪)进行检查并记录。绝缘电阻检测记录见表 2-1-5。

大众 ID.4 纯电动汽车绝缘电阻检测

绝缘电阻检测记录表　　表 2-1-5

车牌号:	作业人员(签字):		检测日期: 年 月 日	
直流项	正极对车身		负极对车身	
检测项目	测量值	结果	测量值	结果
动力蓄电池				
驱动电机控制器				
PTC 加热器				
电除霜器				
电源变换器				
车载充电机				
充电插孔				
高压维修开关				

续上表

交流项检测项目	U 相对车身		V 相对车身		W 相对车身	
	测量值	结果	测量值	结果	测量值	结果
驱动电机						
电动转向电机						
电动空气压缩机						
驱动电机控制器						
车载充电机						

注:①结果一栏符合要求的记"√",不符合要求的记"O"。
②若无表中某项或某几项,则这些项目不做要求;若存在其他项目,宜作相应增项。

提示:绝缘电阻应符合《电动汽车安全要求》(GB 18384—2020)的规定,即在最大工作电压下,直流电路绝缘电阻应不小于 $100\Omega/V$,交流电路应不小于 $500\Omega/V$。

2.新能源汽车一级维护操作

参照表 2-1-2 进行纯电动汽车一级维护操作(绝缘电阻检测除外)。

任务2　新能源汽车二级维护内容与操作规范

情境描述

作为一名新能源汽车维修技师,你的主管分配你完成纯电动汽车二级维护操作,并做好竣工检验,你能完成这个任务吗?

任务目标

▶ 知识目标

1.能够描述新能源汽车生产厂家的维护标准;
2.能够描述纯电动汽车整车维护的规范操作方法。

▶ 技能目标

1.能够进行新能源汽车二级维护操作;

2. 能够进行新能源汽车二级维护竣工检验。

▶ **素质目标**

1. 塑造职业道德，弘扬中华传统美德，展示中国工匠可信的形象；
2. 培养良好的工作态度，以科学的态度对待科学；
3. 培养钻研新技术的习惯，不断提出真正解决问题的新理念新思路新办法。

知识学习

一、新能源汽车生产厂家的维护标准

新能源汽车生产厂家都制定了车辆的维护标准，但一般都大同小异。以下以一汽-大众汽车公司为例介绍相关的标准内容。

1. 按时间或行驶里程维护

对于按时间或行驶里程进行维护的车辆而言，一汽-大众公司事先确定并规定了行驶里程数或间隔时间。从技术角度出发，应确保在正常运行条件下达到这些维护周期，因此，按时间或行驶里程维护的时间是固定的。该固定维护周期适用于所有类型的维护工作，维护工作必须严格按照维护周期来进行。

1）维护周期的显示

维护周期在车辆组合仪表的信息娱乐系统中显示提示符号和信息。

维护周期的显示

（1）到期的维护项目。对于组合仪表显示屏上可以显示文本信息的车辆，则显示："扳手符号"和"立即维护"。在车辆运行或数秒钟后，该维护提示消失。图 2-2-1 是大众 ID.4 纯电动汽车维护显示信息。

图 2-2-1　大众 ID.4 纯电动汽车维护显示信息

（2）维护预警。如果一项维护即将到期，在打开点火开关时，组合仪表显示屏上会显示"维护预警"的信息。

①对于组合仪表显示屏可以显示文本信息的车辆，将显示"在—km 或—天后维护"。在车辆运行或数秒钟后，该维护提示消失。

②第一次维护预警会在维护到期前 20 天显示。

③显示的剩余行驶里程通常按百 km 取整，剩余行驶时间按天取整。

（3）在信息娱乐系统中查询维护信息。如图 2-2-2 所示，在退出行驶准备就绪状态且车辆静止的情况下，可以随时查询当前的维护信息。

图 2-2-2　大众 ID.4 纯电动汽车维护信息查询

①打开点火开关。
②打开信息娱乐系统。
③点击"车辆"功能按键。
④点击菜单项"状态"。
⑤点击"维护"功能按键。
⑥在信息娱乐系统中显示维护信息。

2）维护周期的划分

大众 ID.4 纯电动汽车维护（维护）周期划分如下：

（1）首次维护。在行驶里程 5000km 或 6 个月（先到为准）进行首次维护工作。

（2）定期维护。在 10000km 或首保后 1 年（先到为准）及之后每 10000km 或每 1 年进行定期维护工作。

（3）附加维护。附加维护工作是指除上述周期性维护、检查外，还要根据使用条件和车辆配置进行其他维护工作。

2. 各维护周期的要求及作业范围

提示：

①如果在维护时发现故障，必须排除故障并告知客户，同时应询问客户是否需要更换新的刮水片、添加风窗玻璃清洗液（清洗剂和防冻剂）、拆卸和安装电动机舱底部盖板（隔音垫）。

②维护时各部位的操作顺序已经过检验和优化，因此，为避免不必要的作业中断，必须遵循该顺序。

1）首次维护的要求及作业范围

首次维护在车辆行驶里程 5000km 或 6 个月进行。首次维护作业范围见表 2-2-1。

首次维护作业范围　　　　　　　　表 2-2-1

车辆上的位置	作业范围	作业要求
电气设备	自诊断系统。 （1）查询故障存储器； （2）读取高压蓄电池模组温度：检查模组温度是否符合要求； （3）读取高压蓄电池温差范围：检查静态的电池温差是否符合要求； （4）读取高压蓄电池压差范围：检查静态的电池压差是否符合要求； （5）读取高压蓄电池总电压：检查总电压是否符合要求； （6）读取高压系统绝缘阻值：检查高压系统绝缘阻值是否符合要求； （7）读取高压蓄电池冷却液进口温度：检查温度是否在正常范围内； （8）读取高压蓄电池冷却液出口温度：检查温度是否在正常范围内	用车辆诊断测试仪读取所有系统的故障记录及高压蓄电池管理系统数据
	高压充电线（如有）：检查状态	高电压组件和高电压导线：目检是否损坏、布线是否正确以及固定情况
	维护周期指示器：复位	维护周期显示：复位
	高压蓄电池：检查电量，必要时充电	高电压蓄电池电量检查
汽车外部	车门止动器、前机舱盖锁扣：润滑	机舱盖锁扣：润滑
	车辆外观：检查是否有明显碰撞痕迹	—
	高压充电插座（车辆右后侧充电口盖板后）：目检是否有脏污和损坏	
轮胎	前制动摩擦衬块：检查厚度；标准值＞2mm（不计背板）	检查制动摩擦片的厚度、前部制动盘的状态和后部鼓式制动器摩擦片的厚度
	后制动摩擦衬块：检查厚度；标准值＞1mm（不计背板）	

续上表

车辆上的位置	作业范围	作业要求
轮胎	所有轮胎：检查花纹深度（标准值 > 1.6mm）及磨损形态，消除轮胎上的异物	—
	必要时进行车轮换位（仅适用于所有车轮的轮胎和轮辋规格相同时），并检查车轮螺栓拧紧力矩（标准值为120Nm）	车轮换位
	轮胎气压：按要求检查，必要时校正（装备胎压监控指示器的车型校正胎压后需重新标定）	检测轮胎：状态、轮胎胎面、胎压和胎纹深度
汽车下部	高压组件和高压管线：目检是否有损坏；检查布线是否正确，安装是否牢固	高电压组件和高电压导线：目检是否损坏、布线是否正确以及固定情况
	车身底部防护层和底饰板：目测检查是否破损	底板：目检底板保护层、底板饰板、布线和塞子是否损坏
	制动系统：目测检查是否有泄漏和损坏	制动装置和减振器：目检是否有泄漏和损坏
	变速器，主减速器及等速万向节防护套：目测检查有无泄漏或损坏	万向节护套：目检
	转向横拉杆球头：检查间隙，紧固程度及防尘套状况	检测转向横拉杆头部的间隙、固定情况和防尘罩
	高压蓄电池。 (1)检查高压蓄电池周围是否有刺激和烧焦等异味； (2)检查高压蓄电池附近底护板是否有异常变形、裂纹、凹陷及破损； (3)清洁高压蓄电池外壳污物，检查是否有变形、裂纹、凹陷及破损等； (4)检查高压蓄电池与车身连接螺栓是否有松动； (5)检查泄压阀是否安装牢靠，是否有破损，必要时进行表面清洁	高电压蓄电池：检查

续上表

车辆上的位置	作业范围	作业要求
前机舱	驱动电机及前机舱内的其他部件：目测检查是否有泄漏或损坏	驱动电机（从上部和下部）和前机舱：目检有无泄漏及损坏
	12V蓄电池：检查固定情况，电眼颜色（免维护蓄电池无电眼检查电压及其电解液液位）	检查蓄电池
	制动液：检查液位，必要时添加	制动液液位：检测
	警告标签（包括高压部件上的警告标签）：检查是否完好	警告标签：检查
	风窗清洗液：检查液面高度，必要时添加	车窗玻璃刮水和清洗装置以及倒车摄像头清洗装置（如装备）：功能检测
	冷却液：检查液面高度及浓度（防冻能力），标准值为-35℃及以下，必要时添加冷却液或调整浓度	冷却系统：检查防冻液和冷却液液位
最后	试车：检查行车及驻车制动器，换挡，转向及空调等功能，查询故障存储器，终检	进行试车（行驶性能、噪声、空调器等）

2）定期维护的要求及作业范围

定期维护在车辆行驶里程每10000km或1年进行。定期维护作业范围见表2-2-2。

定期维护作业范围　　　　　　　　　　　　表2-2-2

车辆上的位置	作业范围	作业要求
电气设备	自诊断系统。 （1）查询故障存储器； （2）读取高压蓄电池模组温度：检查模组温度是否符合要求； （3）读取高压蓄电池温差范围：检查静态的高压蓄电池温差是否符合要求； （4）读取高压蓄电池压差范围：检查静态的电池压差是否符合要求；	用车辆诊断测试仪读取所有系统的故障记录及读取高压蓄电池管理系统数据

续上表

车辆上的位置	作业范围	作业要求
电气设备	（5）读取高压蓄电池总电压：检查总电压是否符合要求； （6）读取高压系统绝缘阻值：检查高压系统绝缘阻值是否符合要求； （7）读取高压蓄电池冷却液进口温度：检查温度是否在正常范围内； （8）读取高压蓄电池冷却液出口温度：检查温度是否在正常范围内	用车辆诊断测试仪读取所有系统的故障记录及读取高压蓄电池管理系统数据
	高压充电线（如有）：检查状态	高电压组件和高电压导线：目检是否损坏、布线是否正确以及固定情况
	维护周期指示器：复位	维护周期显示：复位
	高压蓄电池：检查电量，必要时充电	高电压蓄电池电量检查
	检查安全气囊和安全带状态及安全气囊罩壳是否损坏	—
	车内所有开关、车内照明、用电器、显示器和仪表各警报指示灯：检查功能	—
	粉尘及花粉过滤器：清洗外壳，更换滤芯	—
	全景滑动/外翻式天窗：检查功能、清洗导轨并用专用润滑脂润滑、清洁导流板、清洁并润滑天窗密封条、检查排水功能，必要时清洁	全景滑动/外翻式天窗，检查天窗排水管的密封性和畅通性
	车外前部、后部、行李舱照明灯等所有灯光状态和闪烁报警装置，静态弯道行车灯、自动行车灯控制：检查功能	—
	风窗刮水器、清洗器及后摄像头清洗装置：检查功能，必要时调整喷嘴	车窗玻璃刮水和清洗装置以及倒车摄像头清洗装置（如装备）：功能检测
	前照灯：检查光束，如必要，调整前照灯光束	—

续上表

车辆上的位置	作业范围	作业要求
汽车外部	车门止动器、前机舱盖锁扣:润滑	机舱盖锁扣:润滑
	车辆外观:检查是否有明显碰撞痕迹	—
	高压充电插座(车辆右后侧充电口盖板后):目检是否有脏污和损坏	—
轮胎	前制动摩擦衬块:检查厚度;标准值>2mm(不计背板)	检查制动摩擦片的厚度、前部制动盘的状态和后部鼓式制动器摩擦片的厚度
	后制动摩擦衬块:检查厚度;标准值>1mm(不计背板)	
	所有轮胎:检查花纹深度(标准值>1.6mm)及磨损形态,消除轮胎上的异物	—
	必要时进行车轮换位(仅适用于所有车轮的轮胎和轮辋规格相同时),并检查车轮螺栓紧固力矩(标准值为120N·m)	—
	轮胎气压:按要求检查,必要时校正(装备胎压监控指示器的车型校正胎压后需重新标定)	检测轮胎:状态、轮胎胎面、胎压和胎纹深度
汽车下部	高压组件和高压管线:目检是否有损坏;检查布线是否正确,安装是否牢固	高电压组件和高电压导线:目检是否损坏、布线是否正确以及固定情况
	车身底部防护层和底饰板:目测检查是否破损	底板:目检底板保护层、底板饰板、布线和塞子是否损坏
	制动系统:目测检查是否有泄漏和损坏	制动装置和减振器:目检是否泄漏和损坏
	变速器,主减速器及等速万向节防护套:目测检查有无泄漏或损坏	万向节护套:目检
	转向横拉杆球头:检查间隙,紧固程度及防尘套状况	检测转向横拉杆头部的间隙、固定情况和防尘罩
	主销球头防尘套、前后车桥橡胶金属支座、连接杆及稳定杆橡胶金属支座:目检是否损坏	主销防尘罩橡胶金属支座、连杆防尘罩和稳定杆橡胶支座:目检
	前后部螺旋弹簧和缓冲块、塑料防尘罩:检查是否损坏	前后螺旋弹簧、缓冲块和塑料防尘罩:目检

续上表

车辆上的位置	作业范围	作业要求
汽车下部	高压蓄电池。 (1)检查高压蓄电池周围是否有刺激和烧焦等异味； (2)检查高压蓄电池附近底护板是否有异常变形、裂纹、凹陷及破损； (3)清洁高压蓄电池外壳污物，检查是否有变形、裂纹、凹陷及破损等； (4)检查高压蓄电池与车身连接螺栓是否有松动； (5)检查泄压阀是否安装牢靠，是否有破损，必要时进行表面清洁	高电压蓄电池：检查
前机舱	驱动电机及前机舱内的其他部件：目测检查是否有泄漏或损坏	驱动电机(从上部和下部)和前机舱：目检有无泄漏及损坏
	警告标签(包括高压部件上的警告标签)：检查是否完好	警告标签：检查
	12V蓄电池：检查固定情况，电眼颜色(免维护蓄电池无电眼检查电压及其电解液液位)	检查蓄电池
	制动液：检查液位，必要时添加	制动液液位：检测
	风窗清洗液：检查液面高度，必要时添加	车窗玻璃刮水和清洗装置以及倒车摄像头清洗装置(如装备)：功能检测
	冷却液：检查液面高度及浓度(防冻能力)，标准值为-35℃及以下，必要时添加冷却液或调整浓度	冷却系统：检查防冻液和冷却液液位
最后	试车：检查行车及驻车制动器，换挡、转向及空调等功能，查询故障存储器，终检	进行试车(行驶性能、噪声、空调器等)

3)附加维护的要求及作业范围

除周期性维护或周期性检查之外，还要根据使用条件和车辆配置进行其他维护工作。

根据维护手册上的记录(或标贴上的下次维护记录)也可在维护周期外进行附加维护作业。附加维护的周期及项目见表2-2-3。

附加维护的周期及项目　　　　　表2-2-3

车辆上的位置	附加维护周期	附加维护项目
电气设备	首次60000km或4年,之后每60000km或每4年	LED大灯:进行基本设置
汽车下部	非营运车:首次3年,之后每2年;营运车:每50000km或每2年(建议使用汽车厂家原装制动液)	更换制动液
前机舱内	更换R744制冷剂:每2年(仅适用于装备热泵空调的车型)	更换制冷剂(装备空调制冷剂R744的车型):使用空调制冷剂充放机进行工作,抽真空并加注制冷剂循环回路

二、新能源汽车维护周期复位方法

新能源汽车的维护周期复位(维护归零),操作方法与传统车辆基本一致,可以采用诊断仪器或手动操作复位,以下以大众ID.4纯电动汽车为例,介绍新能源汽车维护周期复位方法。

1. 维护周期复位的要求

在下列工作中必须复位维护周期显示:
(1)交车检查。
(2)每次常规维护。

如果采用手动复位保养周期显示,要将汽车的维护周期设为固定,即每行驶10000km或每12个月维护一次。

2. 维护周期复位的操作方法

1)用车辆诊断测试仪复位维护周期显示
(1)连接车辆诊断测试仪。
(2)打开点火开关。
(3)进行车辆识别。
(4)选择"使用引导型故障查询进行工作"。
(5)选择"控制单元列表"。

大众ID.4纯电动汽车
维护周期复位

(6)选择"组合仪表"。

(7)选择"识别控制单元"。

(8)选择"引导型功能"。

(9)选择要复位的相应维护。

(10)根据"引导型功能"信息执行匹配。

2)不使用车辆诊断测试仪复位维护周期显示复位

手动复位应在信息娱乐系统中操作。

(1)打开点火开关。

(2)必要时打开信息娱乐系统。

(3)点击功能按键"车辆"。

(4)点击功能按键"状态"。

(5)点击功能按键"维护",进入维护菜单并复位维护周期显示。

技能操作

参照"知识学习"的内容,必要时参考《用户手册》《维修手册》或其他技术资料,执行以下技能操作。

1. 新能源汽车二级维护操作

参照表 2-1-3 及表 2-2-2,进行纯电动汽车定期维护(二级维护)操作。

提示:操作步骤以汽车生产厂家"定期维护作业范围"为准。

2. 新能源汽车二级维护竣工检验

完成新能源汽车定期维护(二级维护)操作后,进行二级维护竣工检验,并记录。电动系统专用装置二级维护竣工检验记录见表 2-2-4。

电动系统专用装置二级竣工维护检验记录单　　　　表 2-2-4

托修方	车牌号:
承修方	
检验项目	检验结果
故障码	□无故障码　□有故障码,信息描述:
仪表、信号指示装置	□无异常报警或信号体系　□有异常报警或信号体现,信息描述:
灭火装置	□功能正常且在有效期内　□更换
充电状态	□充电配合正常,充电保护有效　□充电连接异常

续上表

绝缘性	□绝缘有效　　□绝缘故障				
检查项目	运行状况	外观	固定情况	密封性	冷却(散热)系统
动力蓄电池系统					
驱动电机系统					
电动空气压缩机					/
转向系统					/
空调系统					/
电除霜器	/			/	/
高压维修开关	/			/	/
电源变换器	/			/	/
车载充电机				/	/
充电插孔	/		/	/	/
制动能量回收系统		/	/	/	/
高压警告标记	/			/	/
结论：			检验人员(签字)： 　　　　年　　月　　日		

注：①检查结果中符合要求的对应位置记"√"，不符合要求的记"O"，"/"，标识此项不做要求。

②若无表中某项或某几项，则这些项目不做要求；若存在其他项目，宜作相应增项

新能源汽车高压系统检查与调整

本项目介绍新能源汽车高压系统检查与调整,分为3个任务。

任务1　动力蓄电池系统检查与调整;

任务2　驱动系统检查与调整;

任务3　高压配电系统检查与调整。

通过以上任务的学习,能够掌握新能源汽车动力蓄电池系统、驱动系统、高压配电系统检查与调整的内容和操作方法。

任务1　动力蓄电池系统检查与调整

情境描述

作为一名新能源汽车维修技师,你的主管分配你完成纯电动汽车动力蓄电池系统检查与调整,如果有故障则提出维修建议,你能完成这个任务吗?

任务目标

▶ 知识目标

1. 能够描述动力蓄电池使用说明;
2. 能够描述动力蓄电池检查与调整方法。

▶ 技能目标

1. 能够进行动力蓄电池管理系统检查与调整;
2. 能够进行动力蓄电池工作状况、外观、冷却系统检查与调整。

▶ 素质目标

1. 塑造职业道德,弘扬中华传统美德,展示中国工匠可信的形象;

2.培养良好的工作态度,以科学的态度对待科学;
3.培养钻研新技术的习惯,不断提出真正解决问题的新理念新思路新办法。

知识学习

以下以大众 ID.4 纯电动汽车为例,介绍动力蓄电池系统(大众汽车称"高压蓄电池")的使用说明,以及检查与调整方法。其他车型动力蓄电池系统的使用、检查与调整方法基本相同,具体请参照相关车型的技术资料。

一、动力蓄电池使用说明

动力蓄电池的作用是接收和储存来自外部充电装置(充电桩)、发电机(混合动力电动汽车)、制动能量回收装置提供的电能,并且为驱动电机和其他高压用电设备提供电能。动力蓄电池是纯电动汽车的核心部件,也是价格最高的部件,在纯电动汽车中的成本占到30%甚至50%以上。动力蓄电池一旦失效,车辆就会处于瘫痪状态。

动力蓄电池属于高压安全部件,内部结构复杂,工作时需要很苛刻的条件,任何异常因素都将导致动力被切断,因此,必须经过严格培训的技师才能对动力蓄电池进行维护、检测维修等作业。

1.高压车载电网和高压蓄电池的安全提示

1)高电压系统组成

新能源汽车高电压系统由以下组成部件构成:

(1)高压蓄电池(动力蓄电池)。

(2)功率和控制电子装置。

(3)电机。

(4)高电压空调压缩机。

(5)高压蓄电池的充电装置。

(6)高压蓄电池的充电插座。

(7)橙色的高电压电缆和接插件。

(8)高电压加热装置。

车辆的高电压网络和高压蓄电池有危险,可能导致烧伤、其他伤害和致命的电击。所有高电压系统的作业都必须在具备相应资质的汽车生产厂家特许经销商,并由具备相应资质且经过相应培训的专业人员,根据汽车生产厂家规定的操作准则来执行。

2)高电压警告牌

新能源汽车上每个高压部件,包括高压蓄电池上有提示危险的警告牌。如图 3-1-1 所示,A 为高压组件警告牌,B 为高电压普通警告牌,C 为高压蓄电池充电接口警告牌,D 为高压蓄电池上的警告牌。

高电压警告牌

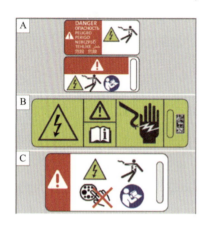 

图 3-1-1　高压部件警告牌

高压蓄电池上的警告牌中序号含义如下。

(1)高电压可导致严重伤害甚至死亡。切勿让手指、工具、饰品或其他金属物品接触高压蓄电池电极。

(2)大部分的高压蓄电池含有危险的液体和固体物质。如果有气体排出,则可能造成严重的腐蚀和失明。在对高压蓄电池进行作业时,务必佩戴合适的防护眼镜并穿着防护服,以避免皮肤和眼睛与蓄电池液体发生接触。在皮肤和眼睛与蓄电池液体发生接触后,要用流动的清水对接触部位至少清洗 15min,并应立即请医生诊治。

(3)高压蓄电池可能发生燃烧。切勿让高压蓄电池与明火、火花和火焰接触。高压蓄电池始终要小心处置,以防止损坏和液体泄漏。

(4)务必让儿童远离高压蓄电池。

(5)更多信息和警告请参阅用户手册和维修手册信息。

(6)切勿拆下高压蓄电池盖,切勿拆解高压蓄电池。

(7)高压蓄电池使用不当可能会导致重伤甚至死亡。对于高电压蓄电池的维护作业只能由具有相应资质,并经过培训的专业人员进行。切勿对高压蓄电池做任何改动。打开的高压蓄电池不得与水或其他液体接触。液体可导致短路、电击和燃烧。

2. 高压蓄电池的相关参数和要求

1) 高压蓄电池的可靠性和蓄电池容量

通常情况下,锂离子电池在生命周期内受物理和化学条件限制会出现老化和损耗。正确的使用及养护高压蓄电池对长期保持其可靠的状态以及较高的可用蓄电池容量或续驶里程极为重要。因此应遵守高压蓄电池的养护说明。正确使用及养护高压蓄电池有助于车辆保值。

2) 高压蓄电池的寿命

所有的高压蓄电池寿命取决于其使用状态和工作时间。尽可能了解高压蓄电池正常使用和养护的部分事项,以便使蓄电池长期处于良好、可靠的状态。

3) 高压蓄电池回收要求

按工业和信息化部《新能源汽车动力蓄电池回收利用管理暂行办法》第十四条要求:新能源汽车所有人在动力蓄电池需维修更换时,应将新能源汽车送至具备相应能力的售后服务机构进行动力蓄电池维修更换;在新能源汽车达到报废要求时,应将其送至报废汽车回收拆解企业拆卸动力蓄电池。动力蓄电池所有人(电池租赁等运营企业)应将废旧动力蓄电池移交至回收服务网点。废旧动力蓄电池移交给其他单位或个人,私自拆卸、拆解动力蓄电池,由此导致环境污染或安全事故的,应承担相应责任。

3. 高压蓄电池的养护说明

1) 充放电说明

车辆使用过程中,请遵守并注意以下充放电说明。

(1) 在日常使用中,请勿将高压蓄电池电量充至100%。可在信息娱乐系统中将高压蓄电池充电上限值设置为80%。

(2) 尽量避免高压蓄电池完全放电。如果车辆在电量较低的情况下长时间停放,电量不应长期降至20%以下。

(3) 如果高压蓄电池电量已被充至100%,应尽可能立即起步行驶。

(4) 因直流电充电电流较高,避免使用直流电(DC)定期快速充电。

(5) 高电压蓄电池的养护包括电量记录。当组合仪表显示屏中的电量百分比读数为25%或<25%时,应对高压蓄电池进行充电,直至电量百分比至少为50%。

图3-1-2所示为大众ID.4纯电动汽车仪表显示屏中高电压蓄电池电量百分比读数。

图 3-1-2 大众 ID.4 纯电动汽车高电压蓄电池电量百分比读数

2）车辆的停放时间说明

（1）寒冷天气下，请勿将电量低于 40% 的车辆长时间停放。

（2）电量最低 30% 及最高 80% 的车辆的停放时间可长于 12h。

（3）当车外温度低于 -30℃ 或高于 60℃ 时，车辆的停放时间不得超过 24h。

（4）为了提高车辆的舒适性和使用性能，请及时使用驻车空调（取决于车型装备），尤其是在温度低于 -15℃ 时。

（5）当环境温度很低时，高压蓄电池可提供的功率也非常低，而且，如电量较低，车辆起步行驶后行驶功率很快就会受到严重限制。

二、动力蓄电池检查与调整方法

警告：在执行高压车辆诊断及维护前，务必佩戴完好的个人防护设备，并严格遵守正确的操作步骤。

1. 动力蓄电池系统检查与调整操作规范

提示：以下内容适用于大部分纯电动汽车车型，详细操作请参照汽车生产厂家《维护手册》及本书其他项目的内容。

1）外观检查

（1）目的：检查外观有无磕碰、损坏。

（2）方法：将车辆举升目测动力蓄电池底部有无磕碰、划伤、损坏的现象。

（3）工具：举升机及目视检查。

2）绝缘检查（内部）

（1）目的：防止电池箱内部短路。

（2）方法：将动力蓄电池高压母线接口拆下，用绝缘测试仪测量总正、总负对搭铁，阻值大于等于 500Ω/V。

（3）工具：绝缘测试仪。

3）电池箱固定螺栓检查

（1）目的：防止螺栓松动造成故障。

(2)方法：用扭力扳手紧固固定螺栓。

(3)工具：扭力扳手。

4)接插件检查

(1)目的：检查接插件有无异常。

(2)方法：目测动力蓄电池高、低压接插件变形、松脱、过热、损坏等情况。

(3)工具：红外测温仪及目视检查。

5)高压、低压接插件可靠性检查

(1)目的：确保接插件正常使用。

(2)方法：检查是否松动、破损、锈蚀、密封等情况。

(3)工具：目视检查、绝缘手套、绝缘工具。

图3-1-3　大众ID.4纯电动汽车高电压蓄电池高压接插件

如图3-1-3是大众ID.4纯电动汽车高电压蓄电池高压接插件。

6)动力蓄电池系统相关故障码检查

(1)目的：确保动力蓄电池正常工作，无故障码。

(2)方法：使用故障诊断仪读取动力蓄电池管理系统故障码。

(3)工具：故障诊断仪。

如图3-1-4是使用故障诊断仪读取动力蓄电池管理系统故障码,应没有存储故障码。

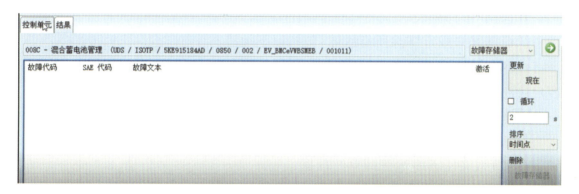

图3-1-4　动力蓄电池管理系统没有存储故障码

7)电池内部温度采集点检查

(1)目的：确保测温点工作正常，采集点合理。

(2)方法：动力蓄电池管理系统监控温度与红外测温仪温度对比，检查温度精度。

(3)工具：诊断仪、红外测温仪。

8）标识检查

(1)目的：防止脱落。

(2)方法：目测各高压部件张贴的标识。

(3)工具：目视检查。

9）电池箱密封检查

(1)目的：保证电池箱体密封良好，防止水进入。

(2)方法：目视检查密封条或更换密封条。

(3)工具：模式检查。

2. 动力蓄电池管理系统检查与调整

1）检查与调整要求

用故障诊断仪读取所有系统的故障记录及读取高压蓄电池管理系统数据，如果存有记录，则按照维修规定排除故障。

2）检查与调整步骤

(1)读取车辆所有系统的故障记录。

①连接故障诊断仪。

②打开点火开关。

③进行车辆识别。

④输入委托任务，或者选择"无委托任务"。

⑤选择"控制器"。

⑥选择"事件列表"。

⑦根据维修规定排除所有故障，包括以下故障。

a. 静态故障。如果在故障存储器中存在一条或多条静态故障记录，建议与客户协商后，通过引导型故障查询排除故障。

b. 偶发故障。如果在故障存储器中只有偶发故障或提示说明，并且客户并没有报修与汽车电子系统相关的故障，则请清除故障存储器的记录。

(2)读取高压蓄电池管理系统数据。

①读取高压蓄电池模组温度：检查模组温度是否符合要求。

②读取高压蓄电池温差范围：检查静态的电池温差是否符合要求。

③读取高压蓄电池压差范围：检查静态的电池压差是否符合要求。

④读取高压蓄电池总电压：检查总电压是否符合要求。

⑤读取高压系统绝缘阻值：检查高压系统绝缘阻值是否符合要求。

⑥读取高压蓄电池冷却液进口温度:检查温度是否在正常范围内。

⑦读取高压蓄电池冷却液出口温度:检查温度是否在正常范围内。

如图3-1-5是使用诊断仪读取的动力蓄电池管理系统数据流,应显示正常范围内的数据。

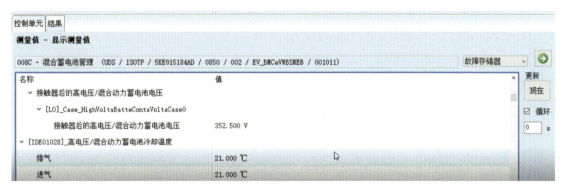

图3-1-5　动力蓄电池管理系统数据流

3.动力蓄电池的工作状况检查与调整

1)检查与调整要求

检查仪表显示的电池电量百分比(SOC)、电压、电流、温度等示值,示值应符合车辆维修工作状况及《维修手册》的规定。

2)检查与调整步骤

检查确定电池电量,必要时进行充电。

(1)组合仪表显示屏上有SOC读数。

(2)交车时首次记录电量的读数。

提示:

①在交车检查时,必须给高电压蓄电池充至80%。

②进行常规维护时,只能根据客户要求决定是否充满电。

4.动力蓄电池的外观检查与调整

1)检查与调整要求

(1)检查电池舱舱盖,电池舱舱盖应锁闭正常且无变形。

(2)检查电池箱壳体表面,壳体表面应无异常变形和破损,无磕碰及损坏,无异味和异常渗漏。

(3)检查电池托架结构表面,托架结构表面应无异常断裂、变形和锈蚀。

(4)检查系统表面是否存在积尘或杂物,对存在积尘或杂物的,应使用风枪或毛刷进行清洁,外表面应无明显积尘或杂物,且干燥。

（5）检查动力蓄电池系统安装固定情况，紧固动力蓄电池箱体及托架、动力蓄电池管理系统箱体等固定螺栓，紧固力矩应符合车辆《维修手册》的规定。

（6）检查电池外部高低压接口，高低压接口内部应无水迹、烧蚀等痕迹，低压通信接口端子应无变形或松动现象。

（7）检查高压线束、接线柱等连接固定情况线束及接线柱的连接应固定可靠、无松脱；紧固动力蓄电池及动力蓄电池管理系统的正负极接线柱固定螺栓，紧固力矩应符合车辆《维修手册》的规定。

（8）检查高、低压线束及接插件应无破损，且与车辆运动部件无干涉，接插件清洁、无破损。

（9）检查电池箱压力阀（泄压阀）的外观，阀体应无破损和堵塞。

（10）根据车辆维修手册要求进行气密性检查，系统气密性符合车辆《维修手册》的规定。

2）检查与调整步骤

（1）检查高压蓄电池周围是否有刺激和烧焦等异味。

目视检查高压蓄电池周围是否由温度作用导致颜色变化和外壳的退火颜色而引起的袭击和烧焦等异味。

（2）检查高压蓄电池底护板。

目视检查高压蓄电池底护板（图3-1-6）是否有异常变形、凹陷及破损。

图3-1-6　大众ID.4纯电动汽车高压蓄电池底护板

（3）检查高压蓄电池固定螺栓与电位均衡线螺母

①拆卸侧面的底板饰板。

②拆卸前部底板饰板。

③拆卸后部底板饰板。

④检查高压蓄电池与车身连接固定螺栓（图3-1-7中的1）是否松动。

⑤检查电位均衡线螺母（图3-1-7中的2）是否松动和锈蚀。

 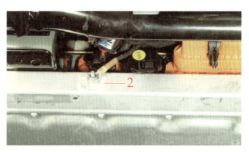

图3-1-7 大众ID.4纯电动汽车蓄电池固定螺栓与电位均衡线螺母
1-固定螺母;2-电位均衡线螺母

(4)检查高压蓄电池泄压阀。

检查高压蓄电池泄压阀(图3-1-8)是否安装牢靠、是否有破损,如表面有脏污,必要时对其进行清洁。

5. 动力蓄电池的冷却系统检查与调整

仅对于采用"水冷"的动力蓄电池冷却系统。

1)检查与调整要求

(1)检查冷却液高度,视情补给或更换冷却液,液面高度、冷却液类型应符合车辆《维修手册》的规定。

(2)检查冷却管路固定情况,软管与硬管连接处无异常渗漏,管路布设无干涉。

(3)检查散热器或冷却装置的外观,外观应清洁连接管路应固定可靠且无异常泄漏。

图3-1-9所示是大众ID.4纯电动汽车冷却液储液罐。

图3-1-8 大众ID.4纯电动汽车蓄电池泄压阀

图3-1-9 大众ID.4纯电动汽车冷却液储液罐

2)检查与调整步骤

(1)根据冷却系统检查与调整要求,如冷却系统的外观及管路有异常,应立即维修或更换。

（2）补充符合汽车生产厂家指定的冷却液。

技能操作

参照"知识学习"的内容，必要时参考《用户手册》《维修手册》或其他技术资料，执行以下技能操作。

1. 动力蓄电池管理系统检查与调整

1）准备工作

连接车辆诊断仪器。

2）检查操作

（1）读取车辆所有系统的故障记录。

（2）读取高压蓄电池管理系统数据。

大众 ID.4 纯电动汽车 BMS 系统检查与维护

2. 动力蓄电池的工作状况、外观、冷却系统检查与调整

1）准备工作

（1）检查并戴好安全防护装备。

（2）根据需要进行高压安全断电操作。

2）检查与调整操作

（1）动力蓄电池的工作状况。检查确定电池电量等参数（组合仪表显示或诊断仪器数据），必要时进行充电。

（2）动力蓄电池的外观。检查电池周围部件是否有刺激和烧焦等异味，底护板、固定螺栓、电位均衡螺母、泄压阀是否清洁、变形、松动及有其他损坏。

（3）动力蓄电池的冷却系统。检查冷却系统液面高度，以及管路等其他部件是否异常。

任务2　驱动系统检查与调整

情境描述

作为一名新能源汽车维修技师，你的主管分配你完成纯电动汽车驱动系统检查与调整，如果有故障则提出维修建议，你能完成这个任务吗？

新能源汽车高压系统检查与调整 | **项目三**

> **任务目标**

▶▶ **知识目标**

1. 能够描述驱动系统检查与调整方法;
2. 能够描述驱动电机及控制器冷却系统检查与调整方法。

▶▶ **技能目标**

1. 能够进行驱动系统检查与调整;
2. 能够进行驱动电机及控制器冷却系统检查与调整。

▶▶ **素质目标**

1. 塑造职业道德,弘扬中华传统美德,展示中国工匠可信的形象;
2. 培养良好的工作态度,以科学的态度对待科学;
3. 培养钻研新技术的习惯,不断提出真正解决问题的新理念新思路新办法。

> **知识学习**

以下以大众 ID.4 纯电动汽车为例,介绍新能源汽车驱动系统(包括冷却系统)的使用说明,以及检查与调整方法。其他车型驱动系统的使用、检查与调整方法基本相同,具体请参照相关车型的技术资料。

一、驱动系统检查与调整方法

驱动电机是纯电动汽车的唯一动力源,是混合动力电动汽车的辅助动力源。驱动电机输出转矩,驱动汽车前进后退;在下坡、制动等工况下,驱动电机也可以作为发电机发电,实现制动能量回收。

一般来说,纯电动汽车和混合动力电动汽车采用的驱动电机所起的作用都相同,既作为驱动电机使用,也作为发电机使用。纯电动汽车的驱动功率的唯一来源是驱动电机,因此对驱动电机在功率和稳定性上有更高的要求。

警告:在执行高压车辆诊断及维护前,务必佩戴完好的个人防护设备,并严格遵守正确的操作步骤。

1. 驱动系统检查与调整操作规范

提示:以下内容适用于大部分纯电动汽车车型,详细操作请参照汽车生产厂家《维修手册》及本书其他项目的内容。

1)驱动电机安全防护

(1)目的:检查外观有无磕碰、损坏。

(2)方法:将车辆举升,目测驱动电机底部有无磕碰、划伤、损坏现象。

(3)工具:举升机及目测检查。

如图3-2-1所示是大众ID.4纯电动汽车驱动电机。

图3-2-1　大众ID.4纯电动汽车驱动电机

2)绝缘检查

(1)目的:防止驱动电机内部短路。

(2)方法:将驱动电机U/V/W高压电缆导线接口拆下,用绝缘测试仪测量,阻值≥500Ω/V。

(3)工具:绝缘测试仪。

3)驱动电机和驱动电机控制器冷却检查

(1)目的:检查驱动电机与驱动电机控制器冷却系统冷却效果。

(2)方法:捏紧冷却水管,使其水道内部阻力增大,进而电动冷却液泵转速变小,声音发生变化,如无声音变化,则水道内冷却液没有循环或循环不畅,需排放空气。

(3)工具:卡环钳、旋具。

4)外部检查

(1)目的:清洁驱动电机及驱动电机控制器表面。

(2)方法:使用压缩空气吹驱动电机及驱动电机控制器,禁止使用潮湿的布或高压水枪进行清洁。

(3)工具:压缩空气源及风枪。

2.驱动系统检查与调整

1)检查与调整要求

(1)检查驱动电机运行工作状况,其运行应平稳,且无异常振动和噪声。

（2）驱动电机系统外观及连接管路表面应清洁，管路应无渗漏现象。

（3）检查驱动电机系统安装固定情况，紧固力矩应符合车辆《维修手册》的规定。

（4）检查高压线束、接线柱等连接固定情况，线束及接线柱的连接应固定可靠、无松脱及其他损坏。

（5）紧固驱动电机的三相接线柱、电机控制器的三相接线柱及正负极接线柱的固定螺栓，固定螺栓的紧固力矩应符合车辆《维修手册》的规定。

（6）检查驱动电机系统高压接线盒内部状况，接线盒内部应干燥、无冷凝水。

（7）检查低压线束固定情况、接插件连接情况，线束应固定可靠无脱落接，插件应锁紧可靠。

（8）视情或按《维修手册》规定里程及时间要求更换轴承。

2）检查与调整步骤

（1）外观检查与调整。

提示：必要时，拆卸前部、后部的底部饰板。

目检驱动电机（从上部和下部）和前机舱有无泄漏及损坏。如果冷却液损失与使用无关，则确定原因并排除故障（维修方案）。

①检查前部驱动电机（如装备）、后部驱动电机和前机舱内的部件有无泄漏和损坏。

②检查冷却和加热系统、制动系统的管路、软管和接口是否泄漏、磨损、多孔或断裂，检查支架的正确位置和固定位置。

提示：排除所有在可维修范围内确定的故障。

（2）润滑系统检查与调整。

检查驱动电机变速驱动机构的润滑系统，视情补给或更换润滑油液或油脂。润滑油液位或润滑脂使用应符合车辆《维修手册》的规定。

二、驱动电机及驱动电机控制器冷却系统检查与调整方法

1. 冷却系统检查与调整的安全要求

电动汽车在驱动与回收能量的工作过程中，驱动电机定子铁芯、定子绕组在运动中会产生损耗，这些损耗以热量的形式向外发散，需要有效的冷却介质及冷却方式来带走热量，保证驱动电机在一个稳定的冷热循环平衡通风系统中安全可靠运行。对于采用永磁同步电机的变速驱动单元，由于车辆在大负荷低速运

行时,极容易使驱动电机产生高温,高温状态易导致永磁转子产生退磁现象,因此,需要借助冷却系统对驱动电机的温度进行控制。另外,驱动电机控制器(逆变器)在工作过程中也会产生大量热,影响其工作性能,因此,同样需要借助驱动电机冷却系统进行冷却。

驱动电机及控制器冷却系统设计的好坏将直接影响驱动电机的安全运行和使用寿命。

如图3-2-2所示,电动汽车冷却系统的功能是将驱动电机、驱动电机控制器及其他部件(如车载充电机、动力蓄电池等)产生的热量及时散发,保证其在要求的温度范围内稳定高效工作。

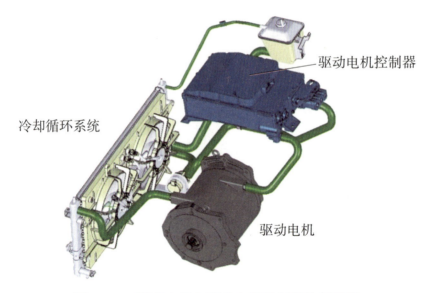

图3-2-2 驱动电机与驱动电机控制器冷却系统

高温的冷却液有造成烫伤的危险,特别是在冷却系统处于热态时,该系统存在过压,高温蒸汽和高温冷却液可能造成烫伤。因此,对冷却系统进行工作时应采取必要的安全措施,具体如下。

(1)戴上防护手套。

(2)戴上防护眼镜。

(3)卸载过压。用抹布盖住冷却液补偿罐的密封盖,并小心地打开。

2.冷却系统检查与调整操作规范

1)冷却液的液位及冰点

2年或40000km应使用冰点测试仪检测冷却液浓度,超过-35℃时,应换用新的冷却液。

2）冷却管路

目测检查冷却系统管路及各零部件接口处有无泄漏情况。

3）冷却液泵

视检冷却液泵接口是否有渗漏痕迹，是否有异响、停转现象。

4）散热水箱

在驱动电机及驱动电机控制器冷却后，在散热器后部（驱动电机侧）使用压缩空气冲走散热器或空调冷凝器的碎屑，严禁使用水枪对散热器散热片喷施清洗。

3. 冷却系统检查与调整

1）检查与调整要求

（1）检查冷却液液面高度，视情补给或更换冷却液，液面高度应符合车辆《维修手册》的规定。

（2）检查冷却管路的固定情况，软管与硬管连接处应无异常渗漏，管路布设无干涉。

（3）原装冷却液能更好地保护整个冷却系统免受锈蚀，并且能够降低沉积和锈蚀的风险。冷却系统务必加注原厂指定的原装冷却液（大众汽车 G13 或 G12 Evo）。不得加注其他冷却液，否则，无法发挥原装冷却液的独有优势。

（4）某些型号的原装冷却液可能需要与蒸馏水混合调配后才可使用。请根据冷却液包装罐上标注的"混合比例表"要求进行混合调配。

提示：冷却液添加剂混合液中仅允许加注蒸馏水。加入蒸馏水后可以达到最佳的防锈蚀效果。

（5）即使在温暖季节或温带区域，也不可以通过添加蒸馏水的方式来降低冷却液浓度。必须按车辆使用地区的当前最低环境温度选择相应的原装冷却液类型。

（6）必须确保冷却液冰点在 -35℃ 以下，如车辆在严寒季节和地区使用，需提高冷却液防冻能力，务必按车辆使用地区当前最低环境温度选择相应类型的原装冷却液。

（7）建议用冰点测试仪（图 3-2-3）测定当前的冷却液浓度。在冰点测试仪上读取的温度为冷却液"冰点"。低于该温度，冷却液将开始结冰。

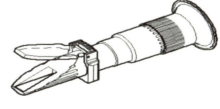

图 3-2-3　冰点测试仪（折射计）

（8）如果更换了散热器、热交换器等部件，则必须使用新的冷却液。已使用过的冷却液不可重新使用。

2）检查与调整步骤

（1）用冰点测试仪检查冷却液的浓度(参考使用说明书)。

（2）如果冷却液防冻能力很差,则需排空冷却液并重新加注。

提示：如果不能确定当前所使用的冷却液类型,则应更换原装冷却液,并遵循冷却液废弃处理规定。

（3）检查冷却液的液位,必要时加注冷却液。如图3-2-4所示,车辆冷态时检查在冷却液膨胀罐中的冷却液液位。冷却液液位在"最低标记"(2)与"最高标记"(1)之间。

图 3-2-4　驱动电机冷却液的液位
1-最高液位；2-最低液位

（4）如果冷却液的液位过低,必须根据汽车使用地区当前最低环境温度选择相应类型的原装冷却液或配比适当的冷却液加注缺少量。

（5）对于新车,冷却液可能位于"最高标记"(1)的上方,此属正常状况,不必抽出冷却液。

提示：如果冷却液损失过快,则找出原因并排除故障(维修措施)。

技能操作

参照"知识学习"的内容,必要时参考《用户手册》《维修手册》或其他技术资料,执行以下技能操作。

1. 驱动系统检查与调整

1）准备工作

（1）根据需要,拆卸车辆前部、后部的底部饰板。

（2）准备工具设备,并做好安全防护及高压安全断电。

大众 ID.4 纯电动汽车驱动电机系统检查与维护

2)检查与调整操作

(1)检查驱动系统外观。驱动电机(从上部和下部)和前机舱目检有无泄漏及损坏。

(2)检查润滑系统。检查驱动电机变速驱动机构的润滑系统,视情补给或更换润滑油脂。

2.驱动电机及控制器冷却系统检查与调整

1)准备工作

(1)检查并戴好安全防护装备(手套及防护眼镜)。

(2)等待冷却液冷却,然后卸载过压,打开密封盖。

2)检查与调整操作

(1)检查驱动电机及控制器冷却系统的外观部件,包括冷却管路、冷却液泵、散热水箱,是否泄漏及损坏。

(2)用冰点测试仪检查冷却液的浓度,如果冷却液防冻能力很差,则需排空冷却液并重新加注。

(3)检查冷却液的液位,必要时加注冷却液。

任务3 高压配电系统检查与调整

情境描述

作为一名新能源汽车维修技师,你的主管分配你完成纯电动汽车高压配电系统检查与调整,如果有故障则提出维修建议,你能完成这个任务吗?

任务目标

▶ 知识目标

1.能够描述高压配电系统检查与调整操作规范及要求;

2.能够描述高压配电系统检查与调整的方法。

▶ 技能目标

1.能够进行高压配电系统整体配置检查与调整;

2.能够进行高压维修开关及其他高压组件检查与调整。

▶ **素质目标**

1.塑造职业道德,弘扬中华传统美德,展示中国工匠可信的形象;
2.培养良好的工作态度,以科学的态度对待科学;
3.培养钻研新技术的习惯,不断提出真正解决问题的新理念新思路新办法。

知识学习

以下以大众 ID.4 为例,介绍高压配电系统(包括高压维修开关、车载充电机及其他高压组件)的使用说明,以及检查与调整方法。其他车型高压配电系统的使用、检查与调整方法基本相同,具体请参照相关车型的技术资料。

一、高压配电系统检查与调整操作规范及要求

警告:在执行高压车辆诊断及维护前,务必佩戴完好的个人防护设备,并严格遵守正确的操作步骤。

1.高压配电系统检查与调整操作规范

提示:以下内容适用于大部分纯电动汽车车型,详细操作请参照汽车生产厂家《维修手册》及本书其他项目的内容。

1)高压配电系统外观检查

(1)目的:检查外观有无磕碰、损坏。

(2)方法:检查高压配电系统部件及导线有无磕碰、划伤、损坏的现象。

(3)工具:目视检查。

2)绝缘检查

(1)目的:防止高压配电系统内部短路。

(2)方法:将高压配电系统各高压电缆导线接口拆下,用绝缘测试仪测量,阻值$\geqslant 100 \Omega/V(DC)$、$500 \Omega/V(AC)$。

(3)工具:绝缘测试仪。

2.高压配电系统检查与调整要求

1)高压配电系统整体配置检查与调整要求

(1)检查各系统配置及系统箱体外表面是否存在积尘或杂物,对存在积尘或杂物的,使用风枪或毛刷对箱体外部、内部各装置及相关插接件表面等进行清

洁,外表面应无积尘或杂物,且干燥。

(2)检查启动开关(主开关)通断情况,启动开关通断功能应有效,开关动作灵活,应无卡滞的现象,并紧固熔断器接线螺母,熔断器接线螺母应固定牢靠。

(3)检查系统部件安装固定情况,紧固高压配电装置及系统箱体的固定螺栓,紧固力矩应符合《维修手册》规定。

(4)检查高压线束、接线柱等连接固定情况,线束及接线柱的连接应固定可靠、无松脱及其他损坏。

(5)检查低压线束固定情况、接插件连接情况,线束应固定无脱落,接插件应锁紧可靠。

图3-3-1是大众ID.4纯电动汽车高压组件整体布置示意图。

2)高压维修开关检查与调整要求

根据汽车行业及生产厂家相关的标准,高压维修开关的维护要求如下:

(1)检查高压维修开关工作状态及外观,应无松动发热现象,无烧蚀变形。

(2)检查高压维修开关插拔、通断连接情况,插拔、通断过程中应无卡滞现象。

(3)检查高压维修开关固定情况,紧固固定螺栓,紧固力矩应符合《维修手册》规定。

图3-3-2所示是大众ID.4纯电动汽车高压维修开关。

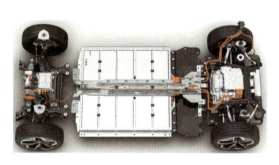

图3-3-1　大众ID.4纯电动汽车高压组件整体布置

图3-3-2　大众ID.4纯电动汽车高压维修开关

3)车载充电机检查与调整要求

(1)检查车载充电机(图3-3-3)外表面是否存在积尘或杂物,对存在积尘或杂物的,应使用风枪或毛刷进行清洁,外表面应无积尘或杂物,且干燥。

(2)检查充电工作状态,充电连接配合正常,充电保护有效。

(3)检查机体安装固定情况,紧固固定螺栓,紧固力矩应符合《维修手册》规定。

(4)检查高压线束及其接插件之间的连接固定情况,线束及接线柱的连接应无松脱。

4)电源变换器检查与调整要求

(1)检查电源变换器(图3-3-4)外表面是否存在积尘或杂物,对存在积尘或杂物的,应使用风枪或毛刷进行清洁,外表面应无积尘或杂物,且干燥。

图3-3-3　大众ID.4纯电动汽车车载充电机　　图3-3-4　大众ID.4纯电动汽车电源变换器

(2)检查机体安装固定情况,紧固固定螺栓,紧固力矩应符合《维修手册》规定。

(3)检查高压线束及其接插件之间的连接固定情况,线束及接线柱的连接应无松脱。

5)空调系统检查与调整要求

(1)检查空调系统风机工作状况,风机运转应正常,且无异响。

(2)检查系统各管路连接情况,各管路应连接可靠且无松动。

(3)检查电动空调压缩机、正温度系数(PTC)加热器(暖风系统)(图3-3-5),以及蒸发器、冷凝器等外表面是否存在积尘或杂物,对存在积尘或杂物的,应使用风枪或毛刷进行清洁,外表面应无明显积尘或杂物,且干燥。

 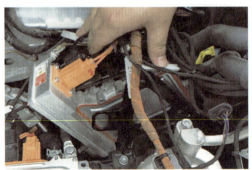

a) 电动空调压缩机　　　　　　　　b) PTC加热器

图3-3-5　大众ID.4纯电动汽车空调系统部件

(4)检查系统连接管路外表面管路应无渗漏、破损。

(5)检查部件安装固定情况,固定螺栓的紧固力矩应符合《维修手册》规定。

6)充电插孔(充电接口)检查与调整要求

包括交流充电插孔和直流充电插孔(图3-3-6)。

图3-3-6 大众ID.4纯电动汽车充电插孔

(1)检查保护盖开启和锁闭情况,保护盖的开启锁闭功能有效。

(2)检查充电插孔接插情况,接插应可靠无松脱。

(3)检查充电插孔外表面,表面应无异物、烧蚀及生锈痕迹,插座内部应干燥、清洁。

7)整车高低压线束、接插件检查与调整要求

(1)检查整车线束外表面,线束绝缘层应无老化、破损,且无裸露。

(2)检查整车接插件(图3-3-7)外表面是否存在积尘或杂物,对存在积尘或杂物的,应使用风枪或毛刷进行清洁,外表面应无积尘或杂物,且干燥。

(3)检查线束固定情况和接插件连接情况,线束固定可靠、无脱落接插件应锁紧可靠。

图3-3-7 大众ID.4纯电动汽车高压线束及接插件

8)高压警告标记检查与调整要求

检查高压警告标记是否完好、规范、清晰,粘贴是否牢固、无脱落。

二、高压配电系统检查与调整操作方法

警告:

①电动汽车的高电压系统上有高电压,小心触电。

②开始作业前,请先目检作业区域内的高电压组件,注意安全提示。

提示:

①所有高压组件都不得有外部损坏。

②高电压导线绝缘层必须完好,不得损坏。注意高电压导线的异常变形。

③发现缺陷,必须立即通知负责的高压技师。

1. 高压配电系统整体配置检查与调整

1)高压组件和高压导线检查与调整

目检高压组件和高压导线是否损坏、布线是否正确以及固定情况。图 3-3-8 所示是大众 ID.4 纯电动汽车高压导线外观。

图 3-3-8　大众 ID.4 纯电动汽车高压导线外观

2)机舱检查与调整

目检前机舱时,必须注意电驱动装置的功率和控制电子装置、动力蓄电池和空调压缩机的高电压导线、电驱动装置的高电压导线、充电盖板内的高电压充电插座。图 3-3-9 所示是大众 ID.4 纯电动汽车前机舱高压部件。

3)底盘高压部件检查与调整

目检底盘时,必须注意动力蓄电池及其高电压导线。图 3-3-10 所示是大众 ID.4 纯电动汽车底盘高压部件。

图 3-3-9　大众 ID.4 纯电动汽车前机舱高压部件

图 3-3-10　大众 ID.4 纯电动汽车底盘高压部件

2. 高压维修开关及其他高压组件检查与调整

提示:可以利用检测仪器及其他工具设备检测相关系统是否存储故障代码,以及通过数据流分析高压组件是否工作正常。

1）高压维修开关检查与调整

（1）找到高压维修开关，必要时拆卸保护盖板或其他影响操作的部件。

（2）拆卸低压蓄电池负极桩头接线，并戴好绝缘手套。

（3）检查高压维修开关工作状态及外观。

2）车载充电机检查与调整

检查车载充电机的功能是否正常，即能够完成交流充电。

3）电源变换器检查与调整

检查电源变换器的功能是否正常，即能完成高低压电源变换，为低压蓄电池充电，并为低压用电设备供电。

4）空调系统检查与调整

检查空调制冷系统、暖风系统的功能是否正常，即能够正常制冷和制热。

5）充电插孔检查与调整

检查交流、直流充电插孔的指示灯，以及各插孔针脚是否正常。

技能操作

参照"知识学习"的内容，必要时参考《用户手册》《维修手册》或其他技术资料，执行以下技能操作。

1. 高压配电系统整体配置检查与调整

1）准备工作

（1）检查及穿戴高压安全防护装备。

（2）故障检测仪、绝缘测试仪等工具设备。

大众 ID.4 纯电动汽车高压配电系统检查与维护

2）检查与调整操作

进行高压配电系统整体配置的外观及高、低压导线检查，发现异常进行处理或提出维修建议。

2. 高压维修开关及其他高压组件检查与调整

1）准备工作

（1）检查及穿戴高压安全防护装备。

（2）故障诊断仪、绝缘测试仪等工具设备。

2）检查与调整操作

进行高压维修开关、车载充电机、电源变换器、空调系统、充电插孔等高压组件功能检查，发现异常进行处理或提出维修建议。

新能源汽车底盘系统检查与调整

本项目介绍新能源汽车底盘系统检查与调整,分为3个任务。
任务1　新能源汽车制动系统检查与调整;
任务2　新能源汽车转向系统检查与调整;
任务3　新能源汽车其他底盘系统检查与调整。
通过以上任务的学习,能够掌握新能源汽车制动系统、转向系统以及其他底盘系统检查与调整的内容和操作方法。

任务1　新能源汽车制动系统检查与调整

情境描述

作为一名新能源汽车维修技师,你的主管分配你完成纯电动汽车制动系统检查与调整,如果有故障则提出维修建议,你能完成这个任务吗?

任务目标

知识目标
1. 能够描述电控制动系统检查与调整方法;
2. 能够描述电动真空助力系统的检查与调整方法;
3. 能够描述液压制动系统的检查与调整方法。

技能目标
1. 能够进行电控制动系统检查与调整;
2. 能够进行电动真空助力系统检查与调整;
3. 能够进行液压制动系统检查与调整。

▶▶ 素质目标

1. 塑造职业道德,弘扬中华传统美德,展示中国工匠可信的形象;
2. 培养良好的工作态度,以科学的态度对待科学;
3. 培养钻研新技术的习惯,不断提出真正解决问题的新理念新思路新办法。

知识学习

新能源汽车与传统汽车制动系统机械及液压部件基本一致,但制动系统的助力由电动真空泵或电控的制动执行器提供动力源。

一、电控制动系统检查与调整方法

1. 电控制动系统相关故障码检查

新能源汽车都采用电控制动系统(包括防抱死制动系统 ABS、驱动防滑系统 ASR、电子稳定系统 ESP 等),检查时应确保电控制动系统正常工作。

(1)目的:确保电控制动系统正常工作,无故障码。
(2)方法:使用故障诊断仪读取电控制动系统故障码。
(3)工具:故障诊断仪。

2. 电控制动系统工作检查

ABS 系统是电控制动系统最重要的系统。一般情况下,可通过观察 ABS 故障指示灯是否点亮,及在车速大于 40km/h 时采取紧急制动来判断 ABS 系统是否工作正常。

1)观察 ABS 故障指示灯判断

ABS 故障指示灯是提醒驾驶员 ABS 系统是否正常工作的信息来源,ABS 故障指示灯的工作情况如下。

(1)打开点火开关,ABS 故障指示灯、ASR 故障指示灯瞬时点亮,然后熄灭,说明电控制动系统系统正常。

(2)打开点火开关,ABS 故障指示灯一直点亮,说明 ABS 系统有故障,应进一步进行故障诊断。

大众 ID.4 纯电动汽车组合仪表上的电控制动系统故障指示灯如图 4-1-1 所示。

图 4-1-1 大众 ID.4 纯电动汽车电控制动系统故障指示灯

2）紧急制动判断

在试验场的道路上，将车辆加速到大于 30～40km/h 的情况下实施紧急制动，观察制动痕迹。如果所有车轮无轮胎拖痕或出现断断续续的轮胎拖痕（搓板拖痕），则说明 ABS 系统起作用。

如果制动后车轮有明显连续拖痕或某一车轮有明显连续拖痕，说明 ABS 系统工作异常；如果 ABS 故障指示灯点亮，则说明 ABS 系统有故障，需进一步诊断排除；如果 ABS 灯不亮，需对有轮胎拖痕对应的电磁阀和传感器进行进一步诊断和维修。

二、电动真空助力系统检查与调整方法

对于采用电动真空助力系统的制动系统，例如比亚迪纯电动汽车等车型，应进行电动真空制动系统检查与调整。

1. 电动真空助力系统泄漏监测

电动真空助力系统真空管路发生空气泄漏，真空罐压力传感器检测到真空度不足，就会发送信号给真空泵控制器，控制真空泵工作。如果真空度一直不足，为了防止真空泵过热，在持续工作 15s 之后会自动停止。此时如果踩下制动踏板，整车控制器（VCU）检测到真空罐的真空度不足 55kPa（根据车型有区别），就会给真空泵报警继电器和组合仪表发出信号，触发仪表显示报警信息（图 4-1-2）。若 8s 后真空度仍未恢复到 55kPa 以上，会给驱动电机控制器发送信号，让车辆限速（降功率）行驶。

图 4-1-2　仪表报制动故障

2. 电动真空助力系统检查与调整

电动真空助力系统的检查与调整见表 4-1-1。

电动真空助力系统检查与调整　　　　　　　　表 4-1-1

序号	检查步骤	检查结果与调整方法		
1	检查熔断器是否熔断	正常：进行下一步	不正常：熔断器熔断	更换熔断器
2	检查电动真空泵是否损坏	正常：进行下一步	不正常：电路有故障或电动真空泵损坏	检修电路或更换电动真空泵
3	检查真空罐是否漏气	正常：进行下一步	不正常：真空罐漏气	更换真空罐
4	正确检修操作后检查故障是否出现	正常：诊断结束	不正常：故障未消失	从其他症状查找故障源

1）真空罐及管路、线束检查

(1) 目测检查真空罐及管路。真空罐（图 4-1-3）属于一种储能装置，能始终为制动管路维持一定的真空度。检查真空罐连接软管有无破损、老化、松动、弯曲卡住等异常。检查真空罐总成固定螺栓有无松动。检查真空软管弹簧卡箍是否有效。

(2) 线束检查。检查导线及连接器是否脱落或损坏，并使用数字万用表测量其供电、接地端之间的电压是否符合规定值。

2）电动真空泵检查

如图 4-1-4 所示，检查电动真空泵。电动真空泵受由整车控制器（VCU）控制的真空泵继电器控制。使用数字式万用表检查继电器的供电和继电器本身技术状态，测量电动真空泵的线圈电阻。

图 4-1-3　真空罐

图 4-1-4　电动真空泵

三、液压制动系统的检查与调整方法

提示：以下内容适用于大部分纯电动汽车车型，详细操作请参照汽车生产厂家《维修手册》及本书其他项目的内容。

1. 制动系统外观检查与调整

警告：制动系统发现缺陷后必须及时排除故障。

(1) 目的：检查制动外观有无磕碰、损坏、泄漏，以及制动液液位及状态。

(2) 方法：

① 目测检查制动液的液位及含水率。若制动液位不足，应检查管路无泄漏后，补充到最高刻度位置；若制动液含水率超出范围或受到污染，应更换制动液。

提示：每次都必须根据制动摩擦片的磨损程度来评定液位。在行车时，由于制动片磨损和自动调整，液位会略微下降，如果没有到最低（MIN）位置则无须补充加注。

② 将车辆举升，目测检查下列部件是否泄漏和损坏。

a. 制动主缸（总泵）。

b. 制动助力器（带制动防抱死系统时：液压单元）。

c. 制动力调节器。

d. 制动钳。

③ 制动液排气阀上是否有防尘罩。

④ 不得扭转制动软管，并且在最大转向角度时制动软管不能接触到汽车部件。

⑤ 检查制动管路、管路接口和固定装置的安装位置是否正确，以及是否泄漏、锈蚀、断裂及其他损坏。

(3) 工具：举升机、制动液检测仪及目视检查。

2. 制动系统真空助力器检查与调整

(1) 目的：防止制动真空助力系统助力不足。

(2) 方法：

① 在车辆未起动前，先踩踏制动踏板数次，并检查制动踏板行程余量（图4-1-5）不再发生变化。

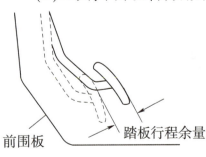

图4-1-5 制动踏板行程余量检查

②踩下制动踏板并起动车辆(仪表显示为 Ready 或 OK),应能听到电动真空泵动作的声音。如果制动踏板能够继续稍稍向下移动一点,表示系统操纵正常。

③起动车辆 1~2min 后停机。慢慢踩踏制动踏板数次,如果第一次踩下的踏板的行程量大,在第二次或第三次,制动踏板渐渐回抬,表示真空助力器密封性良好。

④当车辆起动(仪表显示为 READY 或 OK)的时候,踩下制动踏板,并在制动踏板被踩下的状态下关闭点火开关,如果在 30s 内,制动踏板的余量不发生变化,表示真空助力器密封性良好,否则需检查真空助力器的密封性。

(3)工具:人工检测。

3.制动摩擦片、制动盘的状态检查与调整

1)检查前部盘式制动摩擦片的厚度

(1)目的:检查盘式制动摩擦片是否达到磨损极限,作为更换的依据。

(2)方法:

提示:对于某些车辆,由于轮辋几何形状的限制,可能较难评估或测量剩余摩擦片厚度。如果出现这种情况,取下安装有制动摩擦片磨损指示器这一侧的车轮,以便能更好地评估或测量剩余摩擦片厚度。

①通过轮辋开口处目检内外摩擦片的厚度。

②为了能更好地评估剩余摩擦片厚度,必要时拆下安装有制动摩擦片磨损指示器一侧的车轮。

③必要时拆下车轮螺栓盖。

④标记车轮相对制动盘的位置。

⑤旋出车轮固定螺栓并拆下车轮。

⑥测量内外摩擦片的厚度。如图 4-1-6 中的 a 所示,摩擦片厚度(不包括背板)的磨损极限为 2mm。如果超出磨损极限,必须更换摩擦片。

(3)工具:举升机、车轮拆装工具、游标卡尺及目视检查。

2)检查后部鼓式制动摩擦片的厚度

(1)目的:检查鼓式制动摩擦片是否达到磨损极限,作为更换的依据。

(2)方法:

①取出鼓式制动器观察孔的塞子(图 4-1-7 中的 1)。

②借助一个手电筒通过观察孔(图 4-1-8 中的 1),检测鼓式制动器摩擦片的厚度(图 4-1-9 中的 a,不包括背板)。摩擦片厚度(不包括背板)的磨损极限为 1mm。如果超出磨损极限,必须更换摩擦片。

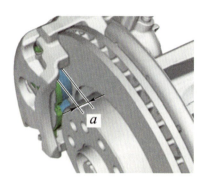
图4-1-6　盘式制动摩擦片厚度

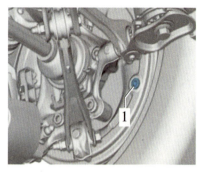
图4-1-7　鼓式制动器观察孔的塞子

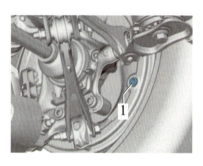
图4-1-8　鼓式制动器观察孔

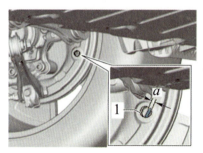
图4-1-9　鼓式制动摩擦片厚度

③检测结束后重新装上观察孔的塞子。

注意：不要用制动液或油脂润滑制动蹄。

（3）工具：举升机游标卡尺、手电筒及目视检查。

3）检查制动盘的状态

（1）目的：检查制动盘是否达到磨损极限，作为更换的依据。

提示：如果要更换盘式制动器摩擦片，请务必检查制动盘的磨损情况。

（2）方法：

①检查制动盘的磨损情况。

②必要时将车轮固定在标记的位置上。

③以规定的力矩拧紧车轮固定螺栓。

④检查制动盘的状态。请根据下列故障症状，检查所有的制动盘。

a. 裂缝。

b. 细纹铁锈（无锈屑）。

c. 制动盘边缘上的毛刺。

d. 磨损程度。

⑤工作结束后,将适配接头放回随车工具。

⑥必要时,盖上车轮螺栓盖。

(3)工具:举升机、车轮扳手、游标卡尺及目视检查。

4. 制动液更换

(1)目的:更换含水率超出标准值及受到污染的制动液,确保行车安全。

(2)方法:

①吸出制动液。

a. 从制动液储液罐上拧下密封盖(图4-1-10中的1)。

b. 用制动液加注和排气设备中的抽吸软管穿过制动液储液罐滤网(图4-1-7中的1)吸出尽可能多的制动液(图4-1-11中的2)。

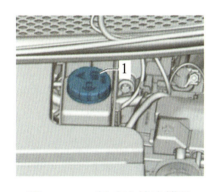

图4-1-10 制动液储液罐的密封盖

图4-1-11 制动液储液罐

②连接制动液加注和排气设备加注软管并加注制动液。

a. 将转接头(图4-1-12中的1)拧到制动液储液罐上。

b. 将制动液加注和排气设备中的加注软管连接到转接头上。为了避免空气进入制动装置,排气软管必须绷紧地固定在排气阀上。

c. 在制动液加注和排气设备上设置正确的压力(使用说明书参照设备),然后开启制动液充放机加注制动液。

③连接制动液加注和排气设备排气软管并排气。

a. 以左前轮为例。拔下左前制动钳上排气

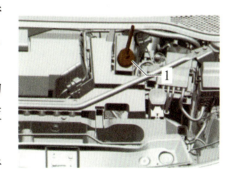

图4-1-12 制动液加注和排气设备转接头

阀的盖罩（图 4-1-13 中的 1）。

b. 将收集瓶的排气软管（图 4-1-14 中的 1）插到左前排气阀上。

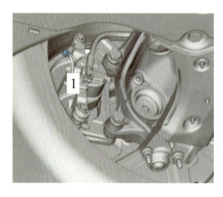
图 4-1-13　左前制动钳上排气阀的盖罩

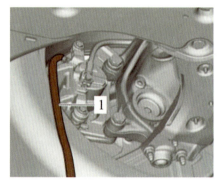
图 4-1-14　收集瓶的排气软管

c. 打开排气阀，排出相应量的制动液。制动液储液罐中的制动液液位必须始终充足，这样才能确保没有空气进入制动装置中。

d. 以规定的拧紧力矩拧紧排气阀。

e. 重新盖上制动钳排气阀的盖罩。

f. 在其他 3 个车轮的制动钳上重复该工作步骤。

④拆卸制动液加注和排气设备并检查制动液液位。

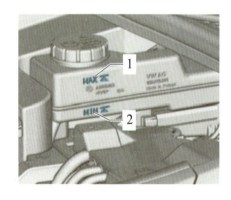
图 4-1-15　制动液液位

a. 关闭制动液加注和排气设备。

b. 从转接头上取下加注软管。

c. 从制动液储液罐上拧下转接头。

d. 检查制动液液位，必要时进行修正。制动液液位必须位于最低（MIN）和最高（MAX）位置（图 4-1-15 中的 1 和 2）之间。

e. 拧上制动液储液罐的密封盖。

f. 试车期间进行功能检查。

(3) 工具：举升机、制动液更换及排气设备。

技能操作

参照"知识学习"的内容，必要时参考《用户手册》《维修手册》或其他技术资料，执行以下技能操作。

提示：新能源汽车制动系统排气、制动踏板调整及更换，以及真空助力器、制动总泵、分泵、各车轮制动器、液压或气压管路检查与调整和传统汽车基本一致。

1. 电控制动系统检查与调整

1）准备工作

连接故障诊断仪器。

2）检查操作

（1）读取电控制动系统的故障记录（故障码）。

（2）读取电控制动系统数据。

如果检查中发现故障码或异常数据，应进行检修，排除故障。

2. 电动真空助力系统检查与调整

1）准备工作

（1）对于电动真空泵在车辆底部的车型，应举升车辆，并拆下底盘护板。

（2）数字万用表。

2）检查与调整操作

对于采用电动真空助力系统的车型。

（1）检查起动开关 ON 时，查看电动真空泵是否动作。如果真空泵不动作，使用数字式万用表检查供电线路，包括继电器和熔断丝，测量电动真空泵的线圈电阻。若检查结果如果异常，则应进行修复或更换。

（2）检查真空罐本体、真空压力传感器、连接软管，以及导线及连接器。若检查结果异常，则应进行修复或更换。

3. 液压制动系统检查与调整

1）准备工作

举升车辆。

2）检查与调整操作

（1）检查制动液。

①检查制动液液面是否过高或过低。

②检查制动液含水率及是否污染。

③根据检查结果，判断是否需要更换制动液。如果需要，按流程更换制动液。

（2）检查真空助力器及制动总泵总成。

①检查制动总泵和助力器间是否漏油。

②检查制动总泵和助力器的周围管路接头是否损坏或漏油。

(3)检查制动软管。

①检查管路接头和整体式螺栓接头是否损坏或漏油。

②检查软管和管路是否漏油。

③检查管路是否扭曲或弯曲过度。

(4)检查前后制动器。

①检查制动分泵是否漏油及存在其他损坏。

②检查制动盘/鼓磨损情况。

③检查制动蹄片磨损情况。

(5)检查 ABS 执行器总成。

①检查 ABS 执行器总成周围管路接头是否损坏或有漏油。

②检查 ABS 执行器总成是否损坏。

任务2　新能源汽车转向系统检查与调整

情境描述

作为一名新能源汽车维修技师,你的主管分配你完成纯电动汽车转向系统检查与调整,如果有故障则提出维修建议,你能完成这个任务吗?

任务目标

知识目标

1. 能够描述电动转向系统检查与调整方法;
2. 能够描述转向系统机械部件检查与调整方法。

技能目标

1. 能够进行电动转向系统检查与调整;
2. 能够进行转向系统机械部件检查与调整。

素质目标

1. 塑造职业道德,弘扬中华传统美德,展示中国工匠可信的形象;
2. 培养良好的工作态度,以科学的态度对待科学;
3. 培养钻研新技术的习惯,不断提出真正解决问题的新理念新思路新办法。

> 知识学习

由于纯电动汽车取消了内燃机发动机，混合动力电动汽车发动机也随时可能停止运转，不能通过发动机驱动液压助力油泵的方式来实现液压助力，因此新能源汽车都采用电动转向系统(EPS)，即在原机械转向系统基础上安装一个电动机，作为转向的辅助动力。

新能源汽车电动转向系统与传统汽车的电动转向系统基本相同。

一、电动转向系统检查与调整方法

1. 注意事项

电动转向系统检查、调整、维修操作时，应注意以下事项：

（1）避免撞击电子部件，如 EPS 控制器和 EPS 电动机。如果这些部件跌落或遭受严重撞击，则应更换新件。

（2）不要将任何电子部件暴露在高温或潮湿的环境中。

（3）不要触碰连接器端子，以防变形或者因静电引起的故障。

（4）断开或重新连接电动转向系统连接器时，必须确认点火开关置于 OFF 位置。必要时（故障指示灯点亮并提示对应的信息）应执行电动转向系统初始化（标定）程序。

（5）拆卸转向机械机构时注意事项如下。

①避免撞击转向管柱或者转向机总成，特别是电动机或者转矩传感器，如果这些部件遭受严重撞击，则应更换新件。

②当移动管柱或者转向机总成时，不要提拉线束。

2. 电动转向系统检查与调整

1）电动转向系统相关故障码检查

新能源汽车都采用电动转向（EPS）系统，检查时应确保 EPS 系统正常工作。

（1）目的：确保 EPS 系统正常工作，无故障码。

（2）方法：使用故障诊断仪读取 EPS 系统故障码。

（3）工具：故障诊断仪。

2）电动转向系统故障指示灯检查

（1）目的：电动转向系统故障指示灯是提醒驾驶员 EPS 系统是否正常工作的

信息来源,故障指示应正常工作,否则可能存在故障,应进一步检修。

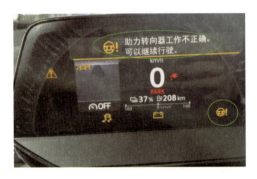

图 4-2-1　大众 ID.4 纯电动汽车 EPS 系统故障指示灯及显示信息

(2)方法:

①打开点火开关,EPS 故障指示灯瞬时点亮,然后熄灭,说明 EPS 系统正常。

②打开点火开关,EPS 故障指示灯一直点亮,说明 EPS 系统有故障,有的车型还会显示故障信息,应进一步进行故障诊断。大众 ID.4 纯电动汽车组合仪表上的 EPS 系统故障指示灯及显示信息如图 4-2-1 所示。

(3)工具:目视检查及故障诊断仪。

3)电动转向系统转向力的检查

(1)目的:转向力的检查有助于判断电动转向系统的助力工作情况。

(2)方法:采用专用的转向力矩检测仪(图 4-2-2)或拉力计(弹簧秤)检查。采用拉力计检查方法如下(图 4-2-3)。

图 4-2-2　转向力矩检测仪

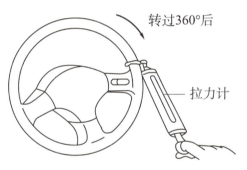

图 4-2-3　拉力计检查转向力

①汽车停放在水平路面上,转向盘放置在平直向前位置。

②检查轮胎充气压力是否符合规定的要求。

③起动车辆(READY 或 OK)。

④通过相切方向勾住转向盘上的弹簧秤测量转向力。转向力标准:至少 35N。如果转向力低于标准值,应检查电动转向系统的电控系统及机械部件。

(3)工具:拉力计。

二、转向系统机械部件检查与调整方法

新能源汽车电动转系统(EPS)机械部件检查与调整和传统车型基本一致。

提示:以下内容适用于大部分纯电动汽车车型,详细操作请参照汽车生产厂家《维修手册》及本书其他项目的内容。

1. 转向机构总成外观检查

(1)目的:检查外观有无磕碰、损坏。

(2)方法:将车辆举升,目测转向机构有没有变形、松动及其他损坏的现象。

(3)工具:举升机及目视检查。

2. 转向横拉杆检查

(1)目的:防止转向拉杆机构损坏造成转向失灵。

(2)方法:

①将车辆举升时,通过转动转向横拉杆和车轮来检测间隙。应该无间隙,否则应更换拉杆球节。

②检查转向横拉杆及其他机构的固定情况,如有松动应紧固。

③检查转向横拉杆的防尘罩(图4-2-4的"箭头"指向位置)有无损坏,以及安装位置是否正确。如果有异常,则调整或更换。

④检查转向器的防尘罩(图4-2-5的"1"指向位置)是否损坏以及安装位置是否正确。如果有异常,则调整或更换。

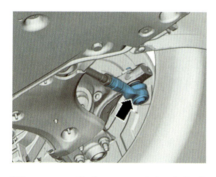

图4-2-4 大众ID.4纯电动汽车转向横拉杆的防尘罩

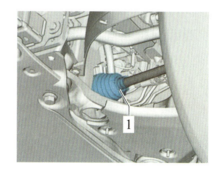

图4-2-5 大众ID.4纯电动汽车转向器的防尘罩

⑤目视检查转向器,包括转向横拉杆区域是否泄漏润滑油脂和损坏。如果有异常,则调整或更换。

(3)工具:举升机及目视检查。

技能操作

参照"知识学习"的内容,必要时参考《用户手册》《维修手册》或其他技术资

料,执行以下技能操作。

提示:新能源汽车转向系统各机构的检查与调整和传统汽车基本一致。

1. 电动转向系统检查与调整

1)准备工作

(1)连接故障诊断仪器。

(2)准备拉力计。

2)检查操作

(1)打开点火开关,检查电动转向系统故障指示灯是否正常。如果EPS故障指示灯不正常,应采用故障诊断仪进一步诊断。

(2)读取电动转向系统的故障记录(故障码)和数据流。如果检查中发现故障码或异常数据,应进行检修,排除故障。

(3)检查电动转向系统转向力。如果转向力低于标准值,进一步检查电动转向系统的电控系统及机械部件。

2. 转向系统机械部件检查与调整

1)准备工作

举升车辆,并拆下底盘护板。

2)检查与调整操作

(1)检查转向机构总成外观。应没有变形、松动及其他损坏的现象,否则应调整或更换异常部件。

(2)检查转向横拉杆。转向横拉杆、转向器各机构不得有松动、变形、防尘罩破损及其他损坏,否则应调整或更换异常部件。

任务3　新能源汽车其他底盘系统检查与调整

情境描述

作为一名新能源汽车维修技师,你的主管分配你完成纯电动汽车其他底盘系统(传动、行驶系统)检查与调整,如果有故障,则提出维修建议,你能完成这个任务吗?

任务目标

▶ **知识目标**

1. 能够描述新能源汽车其他底盘系统检查与调整注意事项；
2. 能够描述新能源汽车其他底盘系统检查与调整方法。

▶ **技能目标**

1. 能够进行新能源汽车车桥、悬架等系统检查与调整；
2. 能够进行新能源汽车轮胎和车轮检查与调整。

▶ **素质目标**

1. 塑造职业道德，弘扬中华传统美德，展示中国工匠可信的形象；
2. 培养良好的工作态度，以科学的态度对待科学；
3. 培养钻研新技术的习惯，不断提出真正解决问题的新理念新思路新办法。

知识学习

一、新能源汽车其他底盘系统检查与调整注意事项

1. 新能源汽车底盘系统检查与调整注意事项

与传统燃油汽车相比，新能源（电动）汽车有着类似的车身设计以及汽车的基本设计要素，如行驶、传动、制动、转向及车身电气系统等，因此新能源汽车的底盘结构组成与传统汽车基本一致。但是，由于动力系统的改变，新能源汽车底盘结构根据动力布置形式也做了改变。

纯电动汽车动力系统上不再有内燃机和结构复杂的变速器，取而代之的是动力蓄电池，以及位于原发动机位置的一个带有电机的驱动单元（用于减速的变速机构）。纯电动汽车动力传输路径如图 4-3-1 所示。

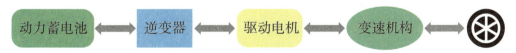

图 4-3-1 纯电动汽车动力传输路径

由于新能源汽车大部分的高压部件及导线布置在底盘上，因此检查与调整应注意高压安全防护，在没有确认高压断电及安全的情况下，严禁触摸高压部件和导线。

2.底盘传动、行驶系统检查与调整注意事项

1）传动轴

传动轴必须有良好的平衡性能,在行驶过程中,应确保车辆不能超载和超速行驶,否则会造成传动轴变形或损坏,导致传动轴动不平衡。

2）前桥

前桥在使用中不要超负载运行,以免过载而损坏。新前桥使用前,在各个润滑脂加注口处加注足量的锂基润滑脂。每次底盘定期维护时,检查底盘机械部件润滑和紧固情况,检查轮毂轴承的松旷情况,每次出车前,要对轮毂螺母及接头紧固螺母进行检查。

3）后桥

后桥主减速器齿轮油需要定期检查和更换,务必使用指定的主减速器齿轮油型号,切勿混用。定期检查后桥通气塞,清洁泥土与灰尘,保持气道畅通以防止其堵塞,导致主减速器内压力增大而使主减速器漏油。清洗通气塞,检查齿轮油油位。

4）前后悬架

（1）禁止悬架严重超载、偏载、受力不均,否则会导致悬架弹簧弹性变弱。

（2）禁止紧急制动,尤其是满载时应提前处理情况,否则前悬架弹簧会因弯曲应力过大而损坏。

（3）禁止车速过高,尤其是在不平的道路上行驶时,会使悬架弹簧变形幅度加大和变形次数增多,促使弯曲应力加大和疲劳加剧。

（4）禁止转弯过急,急转弯时,车辆将产生离心力,增加外侧悬架弹簧的负荷,转弯越急,负荷越大,对其损坏也越大。

（5）螺旋弹簧、液压减振器要定期维护。

5）车轮与轮胎

车轮作为车辆重要的受力部件,承受了来自外界的各种作用力,因此需要在检查与调整过程中特别需要注意以下几点。

（1）在更换车轮时,应选择负载能力、尺寸和类型一致的车轮。车轮的尺寸和类型不一致,会影响车轮和轴承的寿命、制动器的冷却车速、里程表的准确性、车身离地间隙和轮胎距、车身和底盘的间隙等。

（2）拆装轮胎要用专用工具,不允许用大锤敲击或用其他尖锐的工具拆装。

（3）不允许不同规格、不同层级、不同花纹、不同气压、不同负荷的轮胎混装使用。

（4）合理搭配轮胎，整个汽车上的几条轮胎尽量磨损一致，使其寿命同等。

（5）安装有向花纹轮胎，应注意滚动方向的标记。

（6）每行驶10000km须进行一次轮胎换位，促使各轮胎磨损均匀。

（7）轮胎换位后，应按所换的胎位要求，重新调整气压。

（8）轮胎充气应按照该车型说明书或标签上规定的标准气压执行，并在冷态时用气压表测量；充气前应检查气门芯与气门嘴是否配合平整，并擦净灰尘；充入的空气不得含有水分和油雾。充气后应检查是否漏气，并将气门帽拧紧。

（9）掌握轮胎充气标准，轮胎气压不可过低，也不可过高。

（10）用加平衡块的方法进行车轮动平衡时，应检查单侧平衡块不得多于2块。

（11）防止轮胎超载。轮胎承受负荷的高低，对使用寿命影响较大，轮胎超载后，变形加大使轮胎温度升高，一旦遇到障碍物时，极易引起轮胎爆破。因此应按标定的容载量载客，不准超载。

（12）严禁热高压轮胎放气降压和泼水冷却。因为车辆在行驶中，温度升高会使轮胎升温和内压增高，这属正常现象，应该增加停歇时间。

（13）轮胎的日常维护。每天行驶前用气压表检查气压是否符合规定；检查车轮螺母是否紧固，挡泥板、翼子板等有无碰擦轮胎现象，并设法消除；随车工具是否齐全。经常要检查胎面花纹有无钉子刺入，有无砖块、石头等杂物卡入，如有，应马上清理。

（14）定期检查调整前轮前束值，避免不必要的行驶阻力与能耗增加，甚至可能加速轮胎磨损。

二、新能源汽车其他底盘系统检查与调整方法

以下以大众ID.4纯电动汽车为例，介绍新能源汽车其他底盘系统（传动系统、行驶系统）检查与调整方法。

1. 主销和车桥轴承检查与调整

1）前桥

（1）目的：检查有无损坏。

（2）方法：

①检查主销的防尘罩（图4-3-2箭头指向位置）是否密封和损坏。

②检查车桥轴承的橡胶（图4-3-3箭头指向位置）是否有大的裂缝、完全裂开或断开。

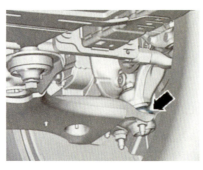
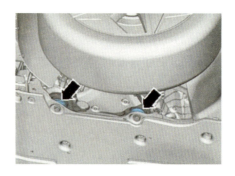

图 4-3-2　主销的防尘罩　　　　图 4-3-3　前桥轴承的橡胶

（3）工具：举升机及目视检查。

2）后桥

（1）目的：检查有无损坏。

（2）方法：

①检查轮架上的所有车桥轴承的橡胶（图 4-3-4 箭头指向位置）是否有大的裂缝、完全裂开或断开。

②检查副车架上的所有车桥轴承的橡胶（图 4-3-5 箭头指向位置）是否有大的裂缝、完全裂开或断开。

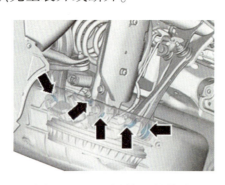
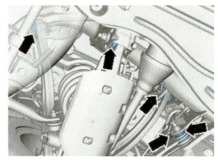

图 4-3-4　后桥轴承的橡胶　　　　图 4-3-5　副车架上后桥轴承的橡胶

③检查车桥轴承橡胶成型件和金属间的连接是否完全裂开，以及轴承和车桥部件间是否存在较大的间隙。

（3）工具：举升机及目视检查。

提示：

①表面的裂纹和裂缝以及橡胶成型件和金属间略微松脱对弹塑性运动轴承功能无实质影响，不属于故障范畴。

②受结构所限的空腔内的薄薄一层橡胶保护层同样允许损坏。

③只要不影响轴承功能，轴承和车桥部件之间就允许存在间隙。

2.连接杆防尘罩和稳定杆支座检查与调整

1)前桥

(1)目的:检查有无损坏。

(2)方法:

①检查连接杆的防尘罩(图4-3-6箭头指向位置)是否损坏。

②检查稳定杆的橡胶支座(图4-3-7箭头指向位置)是否损坏。

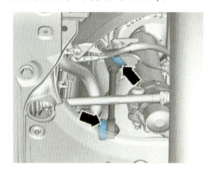

图4-3-6　前桥连接杆的防尘罩　　图4-3-7　前桥稳定杆的橡胶支座

(3)工具:举升机及目视检查。

2)后桥

(1)目的:检查有无损坏。

(2)方法:

①检查连接杆的防尘罩(图4-3-8箭头指向位置)是否损坏。

②检查稳定杆的橡胶支座(图4-3-9箭头指向位置)是否损坏。

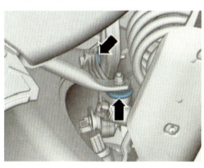

图4-3-8　后桥连接杆的防尘罩　　图4-3-9　后桥稳定杆的橡胶支座

(3)工具:举升机及目视检查。

3.万向节检查与调整

1)前驱

(1)目的:检查有无损坏。

(2)方法:检查外侧和内侧万向节护套(图4-3-10箭头指向位置)及其他部件是否泄漏和损坏。

(3)工具:举升机及目视检查。

2)后驱

(1)目的:检查有无损坏。

(2)方法:

①检查外侧和内侧万向节护套及其他部件是否泄漏和损坏。

②检查万向节护套卡箍(图4-3-11箭头指向位置)是否松脱和损坏。

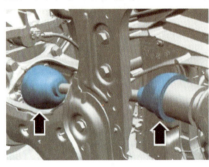

图4-3-10　万向节护套　　　　图4-3-11　万向节护套卡箍

(3)工具:举升机及目视检查。

4.前后悬架检查与调整

(1)目的:检查有无损坏。

(2)方法:

①检查前部螺旋弹簧(图4-3-12中的1)和塑料防尘罩(图4-3-12中的2)及缓冲块是否损坏。

②检查后部螺旋弹簧(图4-3-13中的1)和塑料防尘罩(图4-3-13中的2)及缓冲块是否损坏。

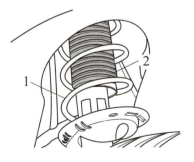 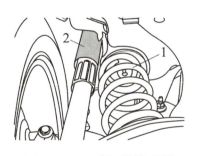

图4-3-12　前部螺旋弹簧　　　　图4-3-13　后部螺旋弹簧
　　　　　和塑料防尘罩　　　　　　　　　　和塑料防尘罩

③检查液压减振器及其他部件是否损坏。

（3）工具：举升机及目视检查。

5. 底板保护层、底板饰板、布线和塞子检查与调整

（1）目的：检查有无安装到位、损坏或缺失。

（2）方法：目检时必须注意底板、轮罩和车门槛。

①必须特别注意，所有导线应都固定在托架中，所有塞子应都齐全，且底板没有损坏。

②必须排除发现的缺陷，从而可避免锈蚀和锈穿。

（3）工具：举升机及目视检查。

6. 轮胎和车轮检查与调整

1）轮胎和车轮状态

（1）目的：检查有无异常磨损、调整不当、变形及其他损坏。

（2）方法：

①交车检查时，应检查轮胎的胎面和侧面是否有损坏和异物，例如钉子或碎片。

②保养检查时，应检查的项目包括：轮胎的胎面和侧面是否有损坏和异物，例如钉子或碎片；轮胎是否被雨水冲刷得褪色；胎面是否异常磨损、有切口和刺穿及其他损坏。

③检查轮辋、轮胎钢圈是否变形或其他损坏。

④根据前轮的运行状况判断是否需要检查前束和车轮外倾斜度。

a. 轮胎胎纹上有毛刺表示前束有误。

b. 在大部分情况下，轮胎胎面单侧磨损严重是由于前轮外倾失调所致。如果发现此类磨损现象，请通过四轮定位确定故障原因。

（3）工具：举升机及目视检查。

2）轮胎胎纹深度

（1）目的：检查磨损程度是否超出限值。

（2）方法：

①使用轮胎花纹深度尺检测胎纹深度。最低花纹深度为1.6mm。

②如果轮胎圆周多处1.6mm高的磨损标记处（图4-3-14箭头指向位置）不再有花纹，则表明达

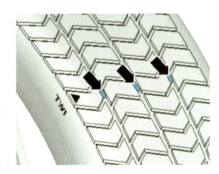

图4-3-14 轮胎磨损标记

到了最低胎纹深度。如果胎纹深度接近法律所允许的最低胎纹深度,请通知客户。

(3)工具:举升机、轮胎花纹深度尺及目视检查。

警告:为行车安全起见,所有四个车轮必须安装型号、尺寸(滚动周长)和花纹类型均与出厂状态相同的子午线轮胎。

3)轮胎胎压

(1)目的:检查轮胎胎压是否过低或过高。

(2)方法:

①相应车型的胎压值请参见标在左侧B柱上的标签。交车检查时,检查是否有胎压标签。如果缺少标签,则订购一个新标签。

②用轮胎充气设备检查胎压,并在必要时进行校正。

(3)工具:轮胎充气设备及目视检查。

4)轮胎监控显示校准(设置)

提示:原则上而言,只有在先将轮胎压力值校正为"正确值"后,才能对轮胎监控显示进行基本设置。如果在发出胎压警告后确定轮胎无压力损失和损坏,可以通过校准排除错误警告。

(1)目的:校准轮胎监控显示。轮胎监控显示借助ABS的车轮转速传感器比较各个车轮的转速、滚动周长和振动特性。通过组合仪表和信息娱乐系统中的轮胎监控显示来表示一个或多个车轮的胎压变化。组合仪表显示屏中有一个黄色的轮胎监控显示指示灯(图4-3-15)。"指示灯常亮"且警告音响起表示识别到了压力损失的"警告",请检查胎压并进行基本设置。

出现下列情况时,轮胎的滚动周长会发生变化,造成轮胎监控显示指示灯常亮。

图4-3-15　轮胎监控显示指示灯

①胎压过低。

②轮胎存在结构损坏。

③汽车单侧负荷。

④同一车桥的车轮负荷过重(例如在挂车运行模式下,或在上下坡时)。

⑤安装了防滑链。

⑥安装了应急车轮(备胎)。

⑦每个车桥都更换了一个轮胎。

（2）方法：

以下是轮胎监控显示校准（设置）步骤。

①打开点火开关。

②开启信息娱乐系统。

③点击功能按钮"车辆"。

④点击功能按钮"胎压"。

⑤点击功能按钮"SET"（设置）。

⑥当所有4个轮胎压力都符合要求的数值时，点击功能按钮"确认"。

（3）工具：操作车辆信息娱乐系统。

5）车轮换位

（1）目的：确保所有轮胎磨损均匀，定期（10000km或首保后1年，及之后每10000km或每1年的定期维护工作），将前后车轮换位安装，使所有轮胎的使用寿命大致相同。

（2）方法：

①前后桥上的轮胎和轮规格相同时，按图4-3-16所示的方法进行前后车轮换位安装。

②前后桥上的轮胎和轮规格不同时，不得在前后车桥之间进行交换，只能同轴更换。

（3）工具：举升机、轮胎拆装扳手及目视检查。

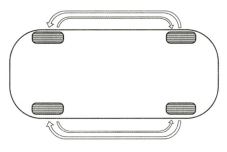

图4-3-16　前后车轮换位方法

技能操作

参照"知识学习"的内容，必要时参考《用户手册》《维修手册》或其他技术资料，执行以下技能操作。

提示：除了需要注意高压安全外，新能源汽车底盘传动系统、行驶系统检查与调整和传统汽车基本一致。

1.新能源汽车车桥、悬架等系统检查与调整

1）准备工作

举升车辆。

2）检查与调整操作

（1）检查主销和车桥轴承，包括：

①检查前桥主销防尘罩、前桥轴承的橡胶及其他部件是否损坏。

②检查后桥轴承的橡胶及其他部件是否损坏。
(2)检查连接杆防尘罩和稳定杆支座,包括:
①检查前桥、后桥连接杆的防尘罩及其他部件是否损坏。
②检查前桥、后桥稳定杆的橡胶支座及其他部件是否损坏。
(3)检查万向节护套,包括:
①检查前驱内侧和外侧万向节护套及其他部件是否损坏。
②检查后驱内侧和外侧万向节护套、护套卡箍及其他部件是否损坏。
(4)检查前后螺旋弹簧、缓冲块和塑料防尘罩,包括:
①检查前部螺旋弹簧、缓冲块和塑料防尘罩及其他部件是否损坏。
②检查后部螺旋弹簧、缓冲块和塑料防尘罩及其他部件是否损坏。
(5)检查底板保护层、底板饰板、布线和塞子是否安装到位、损坏或缺失。

2. 新能源汽车轮胎和车轮检查与调整

1)准备工作

举升车辆。

2)检查与调整操作

(1)检查轮胎和车轮状态,包括以下几处。

①检查轮胎的胎面和侧面是否有异物。

②检查轮胎是否褪色、胎面和侧面是否磨损及其他损坏;检查转动方向或内外定位是否符合要求。

③检查轮辋、轮胎钢圈是否变形或其他损坏。

④根据检查结果判断是否需要进行四轮定位及其他维修。

(2)检查轮胎胎纹深度,根据检查结果判断是否需要更换轮胎。

(3)检查轮胎胎压,如果过低或过高应进行调整。

(4)检查轮胎监控显示指示灯是否常亮,如果常亮应检查轮胎状态后进行校准(设置)。

(5)根据轮胎磨损情况,判断是否需要进行车轮换位。

项目五
新能源汽车电气系统检查与调整

本项目介绍新能源汽车电气系统检查与调整,分为3个任务。
任务1　新能源汽车低压电源系统检查与调整;
任务2　新能源汽车空调系统检查与调整;
任务3　新能源汽车其他电气系统检查与调整。
通过以上任务的学习,能够掌握新能源汽车低压电源系统、空调系统以及其他电气系统检查与调整的内容和操作方法。

任务1　新能源汽车低压电源系统检查与调整

情境描述

作为一名新能源汽车维修技师,你的主管分配你完成纯电动汽车低压电源系统检查与调整,如果有故障则提出维修建议,你能完成这个任务吗?

任务目标

▶▶ 知识目标
1. 能够描述低压蓄电池检查与调整方法;
2. 能够描述 DC/DC 变换器检查与调整方法。

▶▶ 技能目标
1. 能够进行低压蓄电池检查与调整;
2. 能够进行 DC/DC 变换器检查与调整。

▶▶ 素质目标
1. 塑造职业道德,弘扬中华传统美德,展示中国工匠可信的形象;

2. 培养良好的工作态度，以科学的态度对待科学；
3. 培养钻研新技术的习惯，不断提出真正解决问题的新理念新思路新办法。

知识学习

与传统燃油汽车利用发动机带动交流发电机发电不同的是，新能源汽车低压电源系统是将动力蓄电池的高压电通过 DC/DC 变换器变换为 12V 或 24V（商用车）低压电，为低压蓄电池和低压电气部件提供工作电源。新能源汽车低压电源系统包括低压蓄电池、DC/DC 变换器及低压电气附件。以下以大众 ID.4 纯电动汽车为例，介绍新能源汽车低压电源系统检查与调整方法。

一、低压蓄电池检查与调整方法

1. 注意事项

新能源汽车低压蓄电池检查与调整注意事项如下：

（1）由于纯电动汽车的蓄电池不需要给起动机提供起动时的大电流，电池容量可以比传统车型小。但如果蓄电池经常在 DC/DC 变换器不工作的情况下放电，则得比传统车型更容易亏电。

（2）新能源汽车通常采用的是免维护低压蓄电池，如果蓄电池存在故障，应更换蓄电池总成。为避免人身伤害，严禁分解蓄电池。

（3）在冬季或气温低的情况下，应保持蓄电池电量充足，以防电解液比重降低而结冰，导致容器破裂、极板弯曲和活性物质碎落等。

（4）蓄电池可能会有易燃易爆性气体逸出，因此严禁在蓄电池旁使用明火。为了避免人身伤害，在维护蓄电池前，必须保持蓄电池周围通风良好。

（5）绝不可使蓄电池的两个极柱短路，否则将使蓄电池迅速发热，并有可能炸裂。

（6）拆卸蓄电池时，为避免产生电弧，应先拆负极极柱（−），再拆正极极柱（＋），然后拆下蓄电池固定支架，从托架上取出蓄电池。安装蓄电池的顺序与之相反，确保最后再连接蓄电池负极极柱（−）。

（7）蓄电池不要重叠搁置，也不要直接放在地上，应放在木架上，且不能与碱性蓄电池或其他化学药品放在一起。

（8）应选择在通风干燥的室内对蓄电池充电，室内温度在 5~40℃ 为宜。充电所在场地应禁止火源，远离热源。

2. 低压蓄电池外观检查、电压检测与充电方法

1) 低压蓄电池外观检查、电压检测

(1) 目的:检查蓄电池性能状态是否正常。

(2) 方法:

①检查蓄电池外观是否完好,包括:隔板是否断裂,外壳是否有裂纹、起包、变形,固定杆及极柱电缆连接是否牢固,极柱是否腐蚀。

②使用数字万用表进行蓄电池电压检测,检测结果判定及处理方法见表5-1-1。如果使用蓄电池测试仪检测,蓄电池性能应该良好。

蓄电池检测结果判定及处理方法　　　　表 5-1-1

电压	判定	处理
12.5V 以上	正常	继续使用
11.5~12.5V	电量不足	进行充电
11.5V 以下	过放电或内部故障	充电后再进行容量检测

图 5-1-1 是大众 ID.4 的低压蓄电池,位于前机舱上部。

(3) 工具:数字万用表、蓄电池测试仪及目视检查。

2) 低压蓄电池充电

(1) 目的:对低压蓄电池进行充电,确保蓄电池性能正常。

图 5-1-1　大众 ID.4 的低压蓄电池

(2) 方法:

①低压蓄电池有两种充电方式。

a. 如果低压蓄电池安装在车上,应利用 DC/DC 变换器工作时充电。充电时确定 DC/DC 变换器的正极与蓄电池正极相接,负极与蓄电池负极相接,切勿反接。

b. 如果低压蓄电池已经从车上拆卸下来,应采用充电机充电。充电机充电可根据充电机功率大小确定,充电电缆连接必须牢固。

②蓄电池充电后检测。蓄电池充电后应使用仪器(数字万用表或蓄电池测试仪)进行测量,通过电压法或容量法确定蓄电池容量是否恢复到标准值。一般采用电压法检测,检测结果及处理方法见表5-1-1。

(3)工具:充电机、数字万用表、蓄电池测试仪及目视检查。

二、DC/DC 变换器检查与调整方法

1. 注意事项

新能源汽车 DC/DC 变换器独立设计或与电机控制器等其他高压部件集成一体,具有来自动力蓄电池的高压输入电源,属于高压部件,检修时应注意以下事项。

1)维修技术人员要求

维修技术人员需持有由应急管理部门颁发的"特种作业操作(低压电工)证",并通过相关部门新能源汽车维修技术培训,获取相应证书。

2)操作注意事项

(1)拆卸 DC/DC 变换器及其他高压部件前,必须切断高压电源。

(2)高压系统操作时,佩带绝缘手套和绝缘鞋、使用绝缘工具,做好防护措施。

(3)搬运 DC/DC 变换器及其他高压部件时应该轻抬轻放,否则容易损坏高压部件。

(4)DC/DC 变换器内部的电子元件对静电敏感,不可将异物落入内部或触摸电路板。

(5)高压接线盒上方的"+、-、U、V、W"等字样涂改的不能使用,避免其他异常发生。

(6)安装 DC/DC 变换器时应确保外壳可靠接地,否则有触电或有火警发生的危险。

(7)直流母线电压上电前,必须确保低压控制电源可靠接通,整车通信正常。

(8)进行 DC/DC 变换器检查与调整时,严格遵守高压维修车间安全管理制度。

2. DC/DC 变换器检查与工作状态判断

1)检查 DC/DC 变换器外观

图 5-1-2 是大众 ID.4 的 DC/DC 变换器,位于前机舱下部。

(1)目的:检查 DC/DC 变换器外观是否损坏。

(2)方法:目视检查 DC/DC 变换器外壳是否变形、破损及紧固状况,高低压

线束是否断路、短路、绝缘层破损,以及连接器是否脱落和存在其他损坏。

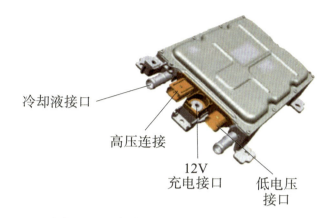

图 5-1-2　大众 ID.4 的 DC/DC 变换器

(3)工具:目视检查。

2)判断 DC/DC 变换器工作状态

(1)目的:判断 DC/DC 变换器是否正常工作。

(2)方法:

①上电(READY)以后,组合仪表显示屏指示动力蓄电池电流为负值。

②使用万用表直流电压挡测量低压蓄电池两端的电压大于 13V。

③如果低压蓄电池正常,但亏电导致车辆不能起动,处理方法为:在动力蓄电池电量良好并且不处于充电状态(充电接口关闭)时,可以通过跨接线将低压蓄电池与有电的低压蓄电池连接,起动(点火)开关 ON 使高压接触器吸合,DC/DC 变换器开始工作以后即可断开跨接线连接。

如果 DC/DC 变换器仍不能工作,应进行故障诊断,必要时更换 DC/DC 变换器。

(3)工具:数字万用表及目视检查。

技能操作

参照"知识学习"的内容,必要时参考《用户手册》《维修手册》或其他技术资料,执行以下技能操作。

1. 低压蓄电池检查与调整

1)准备工作

(1)打开前机舱。

(2)准备数字万用表、蓄电池测试仪、充电机、拆装工具。

2)检查与调整操作

(1)检查蓄电池外观,如果外观异常,进行修复或更换。

(2)使用数字万用表检测蓄电池电压,如果过低应进行充电。

(3)使用蓄电池测试仪检测蓄电池性能,如果性能不正常,应进行充电或更换。

(4)如果蓄电池电压过低,就车利用DC/DC变换器充电(READY),或拆下后利用充电机充电。

2. DC/DC变换器检查与调整

1)准备工作

(1)打开前机舱,举升车辆。

(2)准备数字万用表、绝缘拆装工具。

2)检查与调整操作

(1)检查DC/DC变换器及高低压线束、连接器外观是否损坏,如果外观异常,进行修复或更换。

(2)使用万用表检测DC/DC变换器工作是否正常(READY状态下能够为蓄电池充电),如果DC/DC变换器工作不正常,应进行相关系统检修。

任务2　新能源汽车空调系统检查与调整

情境描述

作为一名新能源汽车维修技师,你的主管分配你完成纯电动汽车空调系统(制冷和制热)检查与调整,如果有故障则提出维修建议,你能完成这个任务吗?

任务目标

知识目标

1. 能够描述新能源汽车空调制冷系统检查与调整方法;
2. 能够描述新能源汽车暖风制热系统检查与调整方法。

技能目标

1. 能够进行新能源汽车空调制冷系统检查与调整;

2. 能够进行新能源汽车暖风制热系统检查与调整。

▶ **素质目标**

1. 塑造职业道德,弘扬中华传统美德,展示中国工匠可信的形象;
2. 培养良好的工作态度,以科学的态度对待科学;
3. 培养钻研新技术的习惯,不断提出真正解决问题的新理念新思路新办法。

知识学习

新能源汽车空调系统的组成、工作原理与传统燃油车型类似,主要区别在于:传统车型制冷系统的压缩机由内燃机进行驱动,而新能源汽车使用高压电驱动的电动压缩机;传统车型暖风制热系统热交换器的热量来源于燃油发动机的冷却液,而新能源汽车热交换器的热量来源于高压电加热的 PTC 加热器。由于具有高压触电的危险,新能源汽车空调制冷、暖风制热系统各部件的安装位置和检查与调整项目会有一定差异。

一、新能源汽车空调制冷系统检查与调整方法

以下以大众 ID.4 纯电动汽车为例,介绍新能源汽车空调制冷系统检查与调整方法。

1. 注意事项

新能源汽车空调制冷系统检查与调整注意事项如下。

(1)电动压缩机属于高压部件,检查与调整、维修时应按照高压安全要求进行防护及规范操作。

(2)必须使用厂家指定类型的制冷剂(大众 ID.4 纯电动汽车为 R744 或 R134a),不同类型的制冷剂不得混用。

(3)必须使用厂家指定类型的绝缘冷冻机油(大众 ID.4 纯电动汽车为 PAG)。

(4)进行制冷剂相关操作时,应使用适合制冷剂类型的专用设备进行维修作业,并注意安全操作及环保要求。

(5)即使只是略微脏污,也可能使制冷循环系统出现故障,因此在空调制冷循环系统上进行作业时,必须严格遵守清洁规定,保持环境和工具设备整洁。

(6)在加注制冷剂前,应先进行循环系统抽真空约 15~30min。

(7)如果需要断开空调管路,必须用密封塞进行密封,防止空气中水分渗入

循环系统。

(8)制冷剂容器必须密闭存放在通风良好、凉爽的地方。制冷剂比空气重,特别是气体泄漏时会在地面扩散。防止热效应和阳光直射,请勿存放在温度高于50℃的区域内。请勿存放在地下室或其他低洼地区或附近,只能存放在充分通风的地方。直立的压力瓶应防止翻倒,横放的压力瓶应防止滚动。

2. 空调制冷系统检查与调整方法

1)空调送风系统检查与调整

(1)目的:对空调送风系统进行检查,确保送风系统正常。

(2)方法:

①10000km 或首保后1年,及之后每10000km 或每1年的定期维护工作,应检查空调粉尘及花粉过滤器(滤清器滤芯),清洗外壳和更换滤芯。

②检查送风管道是否脏污、堵塞或损坏。如有异常,进行清洁或更换。

③检查鼓风机、各出风口风门是否正常。如有异常,进行调整或更换。

(3)工具:目视检查。

图 5-2-1 是大众 ID.4 空调过滤器(过敏源过滤器)安装位置。

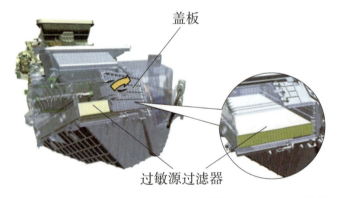

图 5-2-1　大众 ID.4 空调过滤器(过敏源过滤器)安装位置

2)制冷循环系统检查与调整

(1)目的:对空调制冷循环系统进行检查,确保制冷循环系统性能正常。

(2)方法:

①检查制冷循环管路和各部件是否变形、有裂纹、有漏液等现象。如有异常,应修复或更换。

②检查制冷剂的压力,应在正常范围。如有异常,应进行调整或检修。

(3)工具:制冷剂检漏仪、歧管压力表及目视检查。

图 5-2-2 是大众 ID.4 空调制冷循环系统各部件安装位置。

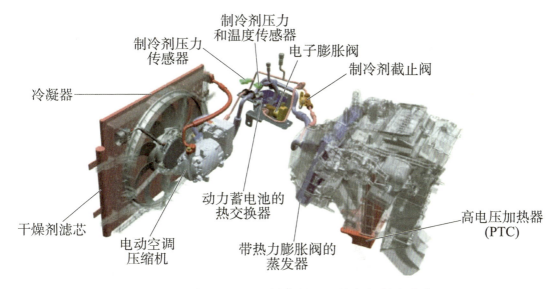

图 5-2-2 大众 ID.4 空调制冷循环系统各部件安装位置

3)电动空调压缩机检查与调整

(1)目的:对电动空调压缩机外观及绝缘性能进行检查,确保压缩机正常。

(2)方法:

①检查电动空调压缩机本体和高低压线束接插件是否损坏。

a. 拔下压缩机上的高压接插件,检查高压接插件有无锈蚀、水渍、异物等,密封圈是否完好。如发现异常,需更换相应线束或部件;如未发现异常,则将接插件装回,并检查是否安装牢固。

b. 拔下压缩机上的低压接插件,检查接插件有无锈蚀、水渍、针脚弯折和退针等。如发现异常,需要采取相应的维修措施;如未发现异常,则将接插件装回,并检查是否安装牢固。

c. 目视检查压缩机连接的高压线束有无破损、老化等异常情况,如有则需要更换高压线。

d. 目视检查压缩机连接的低压线束有无破损、断线等异常情况,如有则应修复或更换。

②检查电动空调压缩机的绝缘性能。

a. 执行高压系统断电与检验,确保高压系统不存在高压电。

b. 使用绝缘测试仪分别检测压缩机上正极高压接插件和机壳体、负极高压接插件和机壳体、正极高压母线和车身本体、负极高压母线和车身本体间的绝缘电阻。

绝缘电阻值≥20MΩ。

c. 根据检查结果,如果绝缘电阻低于规定值,进行检修,然后确认压缩机能正常工作。

(3)工具:绝缘测试仪及目视检查。

图 5-2-3 是大众 ID.4 空调压缩机外形及高低压导线接插件。

图 5-2-3　大众 ID.4 空调压缩机外形及高低压导线接插件

二、新能源汽车暖风制热系统检查与调整方法

新能源汽车暖风制热系统采用的 PTC 电加热器有加热空气和加热电热液两种类型。

图 5-2-4 是大众 ID.4 暖风制热系统 PTC 电加热器外形及高低压导线接插件,安装于空调箱内部,直接加热空气制热。图 5-2-5 是采用加热电热液的电热液循环系统(比亚迪)示意图。

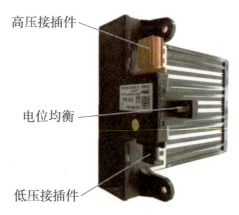

图 5-2-4　大众 ID.4 暖风制热系统 PTC 电加热器外形及高低压导线接插件

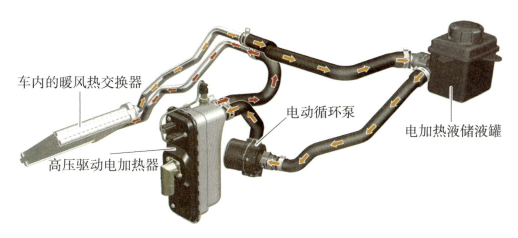

图 5-2-5　采用加热电热液的电热液循环系统示意图

1. 注意事项

（1）暖风制热系统 PTC 加热器属于高压部件，检查与调整、维修时应按照高压安全要求进行防护及规范操作。

（2）对于加热电热液型的制热系统，必须使用厂家指定的电热液（-40 号乙二醇型冷却液）。

（3）进行加热电热液型 PTC 加热器拆装时，必须注意加热器进出水方向。

（4）加热电热液型 PTC 加热器首次工作前或管路部件维修后，应使电热液的电动循环水泵先运转，并确认管路已经排气，再给 PTC 加热器上电。

2. 暖风制热系统检查与调整方法

1）电热液循环系统检查与调整

（1）目的：对电热液循环系统进行检查，确保电热液循环系统性能正常。

（2）方法：

①检查电热液循环系统。

a. 清理电热液管路表面异物。

b. 检查电热液水管卡箍是否松动，若有请紧固。

c. 检查电热液管路是否老化、变形、渗漏，若有，请修复或更换。

②检查电热液循环泵电机及线束接插件、接插件针脚是否有老化、退针、锈蚀等现象，若有，更换或维修接插件。

（3）工具：目视检查。

2）电热液和储液罐检查与调整

（1）目的：对电热液和储液罐进行检查，确保电热液的液位和质量正常。

（2）方法：

①检查电热液和储液罐。

a. 清理储液罐表面异物。

b. 检查储液罐是否老化、变形、渗漏，若有，请更换储液罐。

c. 检查电热液是否在最高和最低刻度线之间，否则，请加注至相应位置。

②检查电热液质量。电热液如果脏污，则请更换电热液。

a. 拆卸储液罐加注口盖。

b. 拆卸电热液管路固定卡箍，脱开电热液管路与循环水泵的连接。排放电热液，待排放完成后连接水管。

c. 从电热液加注口加注电热液。然后打开暖风开关，运行电动循环水泵，同时观察电热液储液罐，并及时进行电热液补充，保证电热液加注到规定刻度之间。

d. 安装储液罐加注口盖并紧固。

（3）工具：目视检查。

3）PTC加热器检查与调整

（1）目的：对PTC加热器外观及绝缘性能进行检查，确保PTC加热器正常。

（2）方法：

①检查PTC加热器外观和高低压线束接插件是否损坏。

a. 拔下PTC加热器上的高压接插件，检查高压接插件有无锈蚀、水渍、异物等，密封圈是否完好。如发现异常，需更换相应线束或部件；如未发现异常，则将高压接插件装回，并检查其是否安装牢固。

b. 拔下PTC加热器上的低压接插件，检查接插件有无锈蚀、水渍、针脚弯折和退针等。如发现异常，需要采取相应的维修措施；如未发现异常，则将低压接插件装回，并检查是否安装牢固。

c. 目视检查PTC加热器连接的高压线束有无破损、老化等异常情况，如有，则需要更换高压线。

d. 目视检查PTC加热器连接的低压线束有无破损、断线等异常情况，如有，则应修复或更换。

②检查PTC加热器的绝缘性能。

a. 执行高压系统断电与检验，确保高压系统不存在高压电。

b. 使用绝缘测试仪分别检测PTC加热器上正极高压接插件和机壳体、负极高压接插件和机壳体、正极高压母线和车身本体、负极高压母线和车身本体间的绝缘电阻。

绝缘电阻值≥20MΩ。

c. 根据检查结果,确定是否更换相关部件,然后上电确认PTC加热器能够正常工作。

(3)工具:绝缘测试仪及目视检查。

技能操作

参照"知识学习"的内容,必要时参考《用户手册》《维修手册》或其他技术资料,执行以下技能操作。

1. 新能源汽车空调制冷系统检查与调整

1)准备工作

制冷剂检漏仪、歧管压力表、绝缘测试仪及目视检查。

2)检查与调整操作

(1)检查空调送风系统,包括空调过滤器、送风管道、鼓风机、风门电机等,如果发现异常,进行修复或更换。

(2)检查制冷循环系统管路和各部件,以及制冷剂压力,如果发现异常,进行修复或更换。

(3)检查电动空调压缩机本体及高低压接插件,如果发现异常,进行修复或更换。

(4)检查电动空调压缩机的绝缘性能,如果绝缘电阻低于规定值,进行修复或更换。

2. 新能源汽车暖风制热系统检查与调整

1)准备工作

绝缘测试仪及目视检查。

2)检查与调整操作

(1)检查电热液循环系统,包括电热液管路和循环泵电机等,如果发现异常,进行修复或更换。

(2)检查电热液的液位和质量,以及储液罐外观,如果发现异常,进行修复或更换。

(3)检查PTC加热器本体及高低压接插件,如果发现异常,进行修复或更换。

(4)检查PTC加热器的绝缘性能,如果绝缘电阻低于规定值,进行修复或更换。

新能源汽车维护

任务 3　新能源汽车其他电气系统检查与调整

📖 情境描述

作为一名新能源汽车维修技师,你的主管分配你完成纯电动汽车其他电气(低压电气)系统检查与调整,如果有故障则提出维修建议,你能完成这个任务吗?

📖 任务目标

▶ 知识目标

1. 能够描述新能源汽车电气系统首次维护检查与调整方法;
2. 能够描述新能源汽车电气系统定期维护检查与调整方法。

▶ 技能目标

1. 能够进行新能源汽车电气系统首次维护检查与调整;
2. 能够进行新能源汽车电气系统定期维护检查与调整。

▶ 素质目标

1. 塑造职业道德,弘扬中华传统美德,展示中国工匠可信的形象;
2. 培养良好的工作态度,以科学的态度对待科学;
3. 培养钻研新技术的习惯,不断提出真正解决问题的新理念新思路新办法。

👥 知识学习

一、新能源汽车电气系统首次维护检查与调整方法

以下以大众 ID.4 纯电动汽车为例,介绍新能源汽车除了高压系统、低压电源系统、空调系统和底盘系统外,首次维护(行驶里程 5000km 或 6 个月)需要执行的其他电气系统检查与调整方法。如果检查中发现故障,必须排除故障并告知客户。

1. 风窗玻璃刮水器、洗涤器系统检查与调整

（1）目的：确保刮水器、洗涤器系统功能正常。

（2）方法：

①检查刮水器功能是否正常，刮水片是否磨损或其他损坏，根据需要更换新的刮水片。

②检查风窗玻璃清洗液（清洗剂和防冻剂）液面高度，必要时添加。

（3）工具：目视检查。

2. 其他低压电气系统首次维护检查与调整

（1）目的：确保其他低压电气系统功能正常。

（2）方法：根据首次维护项目，检查车辆其他低压电气系统功能是否正常，如果有异常，应进行修复或更换。

（3）工具：目视检查。

二、新能源汽车电气系统定期维护检查与调整方法

以下以大众 ID.4 纯电动汽车为例，介绍新能源汽车除了高压系统、低压电源系统、空调系统和底盘系统外，定期维护（每行驶里程 10000km 或 1 年）需要执行的其他电气系统检查与调整方法。如果检查中发现故障，必须排除故障并告知客户。

1. 安全气囊和安全带系统检查与调整

（1）目的：确保安全气囊和安全带系统功能正常。

（2）方法：

①检查安全带是否正常。

②检查安全气囊罩壳是否损坏。

（3）工具：目视检查。

2. 车内照明及仪表等电气系统检查与调整

（1）目的：确保车内照明及仪表等系统功能正常。

（2）方法：

①检查车内所有开关、车内照明、其他用电器的功能是否正常。

②检查显示器和仪表各警报指示灯的功能是否正常。

（3）工具：目视检查。

3. 车外照明及信号灯光系统检查与调整

（1）目的：确保车外照明及信号灯光系统功能正常。

（2）方法：

①检查车外前部、后部、行李箱照明灯、闪烁报警装置等所有灯光状态的功能是否正常。

②检查前照灯近光灯自动控制的功能是否正常。

提示：近光灯自动控制又称为辅助行车灯。

a. 车辆必须暴露在阳光下，然后打开点火开关，反复按压 MODE 按键（图 5-3-1），直至 AUTO 位置指示灯点亮，检查确定前照灯在明亮处时，不会亮起。

b. 打开点火开关，反复按压 MODE 按键直至 AUTO 位置指示灯点亮，用手或合适的物体从外部盖住雨量和光照识别传感器（位于前风窗玻璃的上部和中部区域，图 5-3-2 中的"箭头"指向位置），检查确定降低环境的亮度时，两个前照灯亮起。

图 5-3-1　前照灯控制按键　　图 5-3-2　雨量和光照识别传感器

③检查静态弯道行车灯的功能是否正常。

提示：静态弯道灯集成在前照灯中。

a. 进入行驶准备就绪状态。

b. 打开近光灯和转向信号灯。

c. 检查对应侧的静态弯道灯是否点亮。

d. 在另一侧重复操作。

④检查前照灯光束，如必要，调整光束。

提示：每行驶 60000km 或 4 年，进行前照灯基本设置。

（3）工具：前照灯检测仪、目视检查。

4. 电动车窗系统检查与调整

（1）目的：确保电动车窗系统功能正常。

（2）方法：

①检查各车门电动车窗功能是否正常。

②检查电动车窗升降器定位（防夹设定）。

提示：断开并连接蓄电池后，电动车窗升降器的自动上升和下降功能失灵，可能会造成严重的挤伤。因此，在交付车辆前必须重新定位车窗升降器，定位后不允许再断开蓄电池。

为了对电动车窗升降器进行定位，请执行以下工作步骤：

提示：以下工作描述以左前车窗升降器为例。其他车窗升降器的定位也是通过操作在驾驶员侧车门内的开关来实现。可以单独恢复一个或同时恢复多个车窗升降器的定位。

a. 打开点火开关。

b. 完全关闭所有车窗和车门。

c. 向上拉起车窗升降器按钮，并保持至少 1s。

d. 松开按钮，然后再次向上拉起。

e. 自动升降功能被再次激活。

f. 关闭点火开关。

（3）工具：目视检查。

5. 天窗系统检查与调整

（1）目的：确保系统功能正常。

（2）方法：

①检查全景滑动/外翻式天窗的功能是否正常，必要时润滑和清洁。

提示：固体润滑膏和新的专用润滑剂不得混合使用。对于使用润滑脂的全景滑动天窗，必须先进行清洁，然后才能使用新的专用润滑剂润滑。

a. 检查导流板（图 5-3-3 中的 1）是否脏污。特别要检查导流板下部是否脏污（图 5-3-3 中的"箭头"指向位置）。

b. 使用干式吸尘器去除积存的灰尘。

c. 使用海绵和洗涤剂（洗涤剂的混合比：3 滴清洗液兑 1L 的清水）清除隔网和导流板上的昆虫和灰尘。

d. 使用真空吸尘器和吸嘴去除掉落在除隔网和导流板上的昆虫和灰尘。在导流板上使用合适的吸嘴以免损坏隔网，在进行此项工作时，确保不

图 5-3-3 天窗导流板

要让灰尘进入车内。

e. 检查车顶系统的功能,即将玻璃盖板和遮阳系统(滑动顶篷或卷帘)完全打开和关闭,确定动作正常。

f. 打开车顶系统,清除大颗粒污物。

g. 清洁导轨,外密封件下部(图5-3-4中的"箭头"指向位置)。

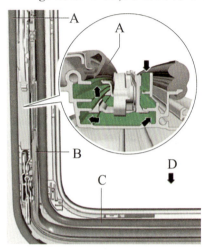

图5-3-4 天窗导轨
A-外密封件;B-导流板;C-内密封件;D-箭头(指向行驶方向)

h. 在整根导轨的滑轨部分薄薄地涂上一层固体润滑膏。在润滑后,打开和关闭全景滑动天窗一次,接着清除多余的油脂。

提示:注意不要污染其他部件。

②检查天窗排水管的密封性和畅通性。

a. 检查前部排水管。将车辆停放在水平面上,并打开天窗用一个约500mL的容器(例如矿泉水瓶)装满水,缓慢地在天窗左前角和右前角的位置注入约300mL的水。观察水是否缓慢而顺畅地经排水管流出。

提示:在天窗顶部的四个角落注水时,注意不要将水溅洒到车内及天窗内侧,且不要大量注水以防水溢出天窗排水槽而流到车内及天窗内侧。

b. 检查后部排水管。将车辆前方停放在坡路上,用一个约500mL的容器(例如矿泉水瓶)装满水,缓慢地在靠近天窗左后角和右后角的位置注入约300mL的水。观察水是否缓慢而顺畅地经排水管流出。

提示:检查后部排水管时,应将车辆停放在坡面上,使水能顺利地流淌到后部排水管内。

③维护措施。经过以上检查后,如果水流可通过天窗排水管正常流出且排水槽内无积水,则天窗排水管的密封性与畅通性正常。

a. 如果天窗排水管没有水流出或流量偏小,应清洁排水管。

b. 如果清洁排水管后没有水流出,则拆卸车顶饰板,观察排水管与天窗出水口间是否断开或脱落;如果排水管断开或脱落,连接排水管,并再次检查排水管的密封性和畅通性;完毕后,以倒序进行安装。

(3)工具:无纺抹布、润滑油脂、干式吸尘器及目视检查。

6. 风窗玻璃刮水器、洗涤器系统检查与调整

(1)目的:确保刮水器、洗涤器系统功能正常。

(2)方法:

①检查车窗玻璃清洗剂的防冻剂含量,必要时加注车窗玻璃清洗液。

a. 使用折射计检查防冻添加剂的浓度。

b. 加满风窗玻璃刮水器和玻璃洗涤器的清洗液(根据地区及客户要求)。

②检查风窗玻璃刮水器和洗涤器的喷嘴调节,必要时进行调整。

提示:如果由于喷嘴中有杂质而导致喷射区不均匀,则要拆下喷嘴,再用水朝着与喷射相反的方向冲洗喷嘴。然后,可以用压缩空气以与喷射方向相反的方向吹洗喷嘴。不要用其他物品清洗喷嘴。

喷嘴已经作预先调整,但是只能补偿较小的高度偏差。如果两个喷射区不在相同的高度上,按如下方式向上或向下校正喷射方向(图5-3-5)。

a. 用合适的螺丝刀工具旋转调节装置来调节喷嘴。

b. "沿顺时针方向"调整时则变低,"沿逆时针方向"调整时则变高。

③检查倒车摄像头清洗装置喷嘴调节装置的调节情况。

a. 打开点火开关。

b. 打开信息娱乐系统。

c. 点击中控台上的按键MENU(图5-3-6)。

d. 在显示调节菜单中打开倒车摄像头清洗装置。

e. 打开后风窗清洗装置。当后风窗清洗装置开启时,倒车摄像头清洗装置同步开启。水柱应正好喷射到倒车摄像头中间位置,如喷射存在异常,则采取维修措施。

④检查前风窗玻璃刮片的位置及磨损情况,根据需要更换。

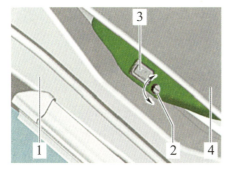

图5-3-5 喷嘴调整

1-前风窗玻璃的导流板;2-喷嘴调节器;3-扇状喷嘴;4-前机舱盖

图5-3-6 中控台上的按键MENU

(3)工具:

防冻液冰点测试仪(折射仪)及目视检查。

7. 其他低压电气系统定期维护检查与调整

(1)目的:确保其他低压电气系统功能正常。

(2)方法:根据定期维护项目,检查车辆其他低压电气系统功能是否正常,如果有异常,应进行修复或更换。

(3)工具:目视检查。

技能操作

参照"知识学习"的内容,必要时参考《用户手册》《维修手册》或其他技术资料,执行以下技能操作。

提示:除了需要注意高压安全外,新能源汽车低压电气系统检查与调整和传统汽车基本一致。

1. 新能源汽车电气系统首次维护检查与调整

1)准备工作

目视检查。

2)检查与调整操作

(1)检查风窗玻璃刮水器、洗涤器系统,如果发现异常,进行调整、修复或更换。

(2)检查其他低压电气系统首次维护的项目,如果发现异常,进行调整、修复或更换。

2. 新能源汽车电气系统定期维护检查与调整

1)准备工作

准备前照灯检测仪、防冻液折射计、吸尘器及润滑油脂等耗材。

2)检查与调整操作

(1)检查安全气囊和安全带系统,如果发现异常,进行调整、修复或更换。

(2)检查车内照明及仪表等电气系统,如果发现异常,进行调整、修复或更换。

(3)检查车外照明及信号灯光系统,如果发现异常,进行调整、修复或更换。

(4)检查电动车窗系统,如果发现异常,进行调整、修复或更换。

(5)检查天窗系统,如果发现异常,进行调整、修复或更换。

(6)检查风窗玻璃刮水器、洗涤器系统,如果发现异常,进行调整、修复或更换。

(7)检查其他低压电气系统定期维护的项目,如果发现异常,进行调整、修复或更换。

参考文献

[1] 包科杰,徐利强. 新能源汽车维护与故障诊断[M]. 北京:人民交通出版社股份有限公司,2017.

[2] 吴荣辉. 新能源汽车结构原理与检修[M]. 北京:机械工业出版社,2021.

[3] 王强,李楷,孙兵凡. 新能源汽车维护与故障诊断[M]. 北京:机械工业出版社,2020.

[4] 林康,吴荣辉. 新能源汽车维护与故障诊断[M]. 北京:机械工业出版社,2022.

[5] 苏占华,吴荣辉. 汽车维护与保养[M]. 北京:机械工业出版社,2023.

《任务工单》(工作手册)使用说明 ·· 01

项目一　新能源汽车使用性能与 PDI 检查 ·· 05
- 任务1　新能源汽车使用性能检查 ·· 05
- 任务2　新能源汽车新车交付 PDI 检查 ·· 10

项目二　新能源汽车常规维护内容与操作规范 ·· 16
- 任务1　新能源汽车一级维护内容与操作规范 ···································· 16
- 任务2　新能源汽车二级维护内容与操作规范 ···································· 20

项目三　新能源汽车高压系统检查与调整 ·· 24
- 任务1　动力蓄电池系统检查与调整 ·· 24
- 任务2　驱动系统检查与调整 ·· 28
- 任务3　高压配电系统检查与调整 ·· 32

项目四　新能源汽车底盘系统检查与调整 ·· 36
- 任务1　新能源汽车制动系统检查与调整 ·· 36
- 任务2　新能源汽车转向系统检查与调整 ·· 41
- 任务3　新能源汽车其他底盘系统检查与调整 ···································· 45

项目五　新能源汽车电气系统检查与调整 ·· 49
- 任务1　新能源汽车低压电源系统检查与调整 ···································· 49
- 任务2　新能源汽车空调系统检查与调整 ·· 53
- 任务3　新能源汽车其他电气系统检查与调整 ···································· 58

《任务工单》(工作手册)使用说明

安 全 须 知

遵守实训室规章制度,详细阅读并正确理解本《安全须知》,如有疑问请咨询实训教师。

(1)实训车辆按要求停在指定工位上,未经教师批准不准起动;经批准起动后,应先检查车轮的安全顶块是否放好,驻车制动是否已启用,变速杆是否放在 P 位,车辆前方是否有人在操作。

(2)实训期间禁止嬉戏打闹。

(3)在没有断开高压线路前,请勿用手直接触碰前机舱内的高压部件,如不可避免,请借助高压绝缘棒或其他绝缘物质。

(4)检查个人安全防护装备,确保绝缘手套等防护装备在有效检验期内并可用。

(5)如果车辆需要起动并运行,请确保车辆在举升机上处于正确位置,车轮离地 10cm。

(6)严格遵守《用户手册》《维修手册》上的安全注意事项及操作规范。

技 术 提 示

(1)如果实训车辆的车型与本教材不符,请参考《用户手册》《维修手册》及其他相关的技术资料。

(2)实训教师根据实训项目的内容,提前设置相应的故障。

(3)工作任务使用的设备、工具,请参照说明书操作。

表格参考格式及内容

以下介绍本《工作手册》涉及表格的详细参考内容,教师可根据需要修订打印。

工作计划表

序号	流程/工序	责任人	工作内容简述	注意事项	备注
1					
2					
3					
4					
5					
6					
7					

续上表

序号	流程/工序	责任人	工作内容简述	注意事项	备注
8					
9					
10					

工作流程提示：

①汽车维修工从车间主管或班组长处接受车辆维修任务。
②阅读维修工单，明确任务要求。
③确认车辆故障的现象并实施基本检查。
④通过查阅《维修手册》《维修案例》等资料，制订相应的故障诊断方案。
⑤使用各种检测仪器、设备对车辆进行综合检测，甚至需要对可疑故障部位进行拆检，记录并分析检测数据、确定故障点。
⑥制定经济、合理的修复方案，经客户同意后实施修复。
⑦自检合格后交付班组长或质检员进行质量检验。
⑧作业过程中，作业区域应干燥，并设置警示隔离区和警示牌。作业过程中，汽车维修工应严格遵守汽车生产厂家制定的安全操作规程、企业内部检验规范、安全生产制度、环保管理制度以及"7S"管理规定。

准备工作检查记录表

序号	检查/操作内容	检查/操作要求或数据		检查结果	备注
1	安全须知阅读	详细阅读并正确理解《安全须知》			
2	场地清洁检查	场地清洁，无杂物			
3	安全检查	无安全隐患			
4	个人防护装备检查	型号正确；数量正确；技术参数符合要求；功能正常；外观无损坏	□高压安全防护装备		
5	车辆防护装备检查		□车外防护3件套 □车内防护3/5件套		
6	整车检查		□纯电动汽车整车 □混合动力电动汽车整车		
7	台架检查		□总成台架		
8	总成/部件/器材检查		□总成/部件/器材		
9	充电桩、充电器检查		□直流充电桩 □交流充电桩 □随车充电器		
10	车间设备检查		□高压维修警示牌和隔离带		
11	检测设备/仪表检查		□故障诊断仪 □数字万用表 □钳形电流表 □绝缘测试仪 □红外测温仪 □蓄电池维修设备 □其他常规底盘、电气检测设备		
12	绝缘/专用工具检查		□绝缘拆装工具套组		
13	常规工/量具检查		□常规工/量具套组		

续上表

序号	检查/操作内容	检查/操作要求或数据		检查结果	备注
14	辅助材料检查	型号正确；数量正确；技术参数符合要求；功能正常；外观无损坏	□油液及其他辅料		
15	技术资料检查		□设备说明书 □用户手册(对应车型) □维修手册(对应车型)		
16	其他检查	根据实际要求			

职业能力考评表（扣分扣完为止）

项目	分值	标准描述	要求或数据	结果或实际值	学员自评得分	同组互评得分	教师考评得分
1	5	考勤	是否缺勤/迟到早退	缺勤扣1分/人次，迟到早退扣0.5分/人次			
2	5	团队合作	是否和谐	与讨论无关的争吵扣1分/次，斗殴扣5分			
3	5	沟通讨论	是否积极	积极不扣分，一般扣1~3分，不积极扣4~5分，无故不参与讨论扣5分			
4	5	现场5S	是否遵循	工具配件杂物落地，扣1分/次			
5	10	生产纪律	是否守纪	普通违纪扣1分/次，严重扣8~10分			
6	10	设备安全	有无损坏	人为损坏得0分			
7	10	人身安全	有无损伤	人身损伤得0分			
8	10	填写工单	是否完整、规范	完整规范不扣分，完整、基本规范扣3~5分，完整、不规范扣6~8分，不完整、不规范扣9~10分			
9	10	回答问题	是否正确	完全正确不扣分，基本正确扣1~2分，基本正确、但不完整扣3~5分，不正确扣6~10分			
10	10	操作过程	是否完整、规范	完整、规范不扣分，完整、基本规范扣3~5分，完整、不规范扣6~8分，不完整、不规范扣9~10分			

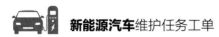

续上表

项目	分值	标准描述	要求或数据	结果或实际值	学员自评得分	同组互评得分	教师考评得分
11	10	操作结果	是否正确	完全正确不扣分,基本正确扣1~2分,基本正确、但不完整扣3~5分,不正确扣6~10分			
12	10	结果分析	是否完整、正确	完全正确不扣分,基本正确扣1~2分,基本正确、但不完整扣3~5分,不正确扣6~10分			

项目一 新能源汽车使用性能与PDI检查

任务1 新能源汽车使用性能检查

学生姓名：_____ 团队(小组)：_____ 时间：____年____月____日

📔 任务分析

本工作任务共有2个操作任务。

操作任务1：新能源汽车起动与操控性能检查；

操作任务2：新能源汽车充电性能检查。

请根据任务要求，对小组成员进行合理分工，小组进行讨论，参考《工作计划表》的内容制订工作计划，并记录主要内容。

任务分析记录：_____

_____

📔 任务准备

参照《准备工作检查记录表》，阅读安全须知，检查并记录完成任务需要的场地、设备、工具及材料。

1. 安全须知阅读

请在操作之前认真阅读安全须知：□已阅读；□未阅读。原因：_____

2. 场地清洁检查

场地清洁，无杂物。检查结果记录：_____

3. 安全检查

无安全隐患。检查结果记录：_____

4. 车辆、设备、工具及其他用品检查

本次实训需要的各种车辆、设备、工具及其他用品型号正确；数量正确；技术参数符合要求；功能正常；外观无损坏。检查结果记录：_____

 新能源汽车维护任务工单

任务实施

1. 新能源汽车起动与操控性能检查

新能源汽车起动与操控性能检查实训要求

参考车型	实训车型	操作时间
大众 ID.4		60min

1)车辆外观部件与操控机构检查

(1)检查车辆外观部件。绕车检查车辆前部、车辆侧面、车辆后部。如有异常,请记录。

异常记录:＿＿＿＿＿＿＿＿＿＿＿＿＿＿＿＿＿＿＿＿＿＿＿＿＿＿＿＿＿＿＿＿

(2)检查驾驶区域各操控机构的位置和功能。进入车辆内部,检查车辆内部的部件(电子部件)和操纵机构,注意其位置、功能及特点。如有异常,请记录。

异常记录:＿＿＿＿＿＿＿＿＿＿＿＿＿＿＿＿＿＿＿＿＿＿＿＿＿＿＿＿＿＿＿＿

2)进入和退出行驶就绪准备状态检查

(1)检查智能钥匙。确认车辆智能钥匙在车内,检查钥匙外观和功能,包括钥匙功能键、应急钥匙。如有异常,请记录。

异常记录:＿＿＿＿＿＿＿＿＿＿＿＿＿＿＿＿＿＿＿＿＿＿＿＿＿＿＿＿＿＿＿＿

思考及讨论:在车辆本身正常的前提下,智能钥匙不能遥控开启车门,有哪些可能原因?如何处理?

讨论记录:＿＿＿＿＿＿＿＿＿＿＿＿＿＿＿＿＿＿＿＿＿＿＿＿＿＿＿＿＿＿＿＿

(2)车辆状态及点火开关检查。开关打开和关闭点火(电源),观察组合仪表的显示,确定车辆没有处于充电状态,并验证点火开关自动关闭功能。如有异常,请记录。

异常记录:＿＿＿＿＿＿＿＿＿＿＿＿＿＿＿＿＿＿＿＿＿＿＿＿＿＿＿＿＿＿＿＿

(3)进入/退出行驶准备就绪状态。检查进入行驶准备就绪状态的前提条件,分别进行进入、确认、退出行驶准备就绪状态操作,观察电子驻车制动器、组合仪表、门锁、灯光的状态。如有异常,请记录。

异常记录:＿＿＿＿＿＿＿＿＿＿＿＿＿＿＿＿＿＿＿＿＿＿＿＿＿＿＿＿＿＿＿＿

思考及讨论:如果正常操作时,车辆不能进入行驶准备就绪状态,有哪些可能的原因?如何解决?

讨论记录:＿＿＿＿＿＿＿＿＿＿＿＿＿＿＿＿＿＿＿＿＿＿＿＿＿＿＿＿＿＿＿＿

3)行驶挡位选择检查

(1)在确保安全的前提下,操作挡位选择开关,包括标准前向行驶挡位、强力制动能量回收挡位、行驶挡位切换、空挡、倒车挡。

(2)最后选择当前需要的挡位(停车挡)。

确认组合仪表的挡位显示与选择的挡位对应。如有异常,请记录。

异常记录:＿＿＿＿＿＿＿＿＿＿＿＿＿＿＿＿＿＿＿＿＿＿＿＿＿＿＿＿＿＿＿＿

思考及讨论：车辆下坡行驶、上坡停车和起步时，如何选择挡位？
讨论记录：_____

4）转向系统操控检查
（1）进行转向盘解锁、锁止操作。
（2）进行左右转向操作，最后转向盘正中位置并锁止。
确认转向盘解锁、锁止及位置正常。如有异常，请记录。
异常记录：_____

思考及讨论：电动转向系统出现故障时有哪些现象？如何处理？
讨论记录：_____

5）驾驶模式选择检查
分别选择各种驾驶模式，确认车辆能正确进入对应的驾驶模式。如有异常，请记录。
异常记录：_____

思考及讨论：各种驾驶模式分别有哪些特点？
(1) 经济：_____
(2) 舒适：_____
(3) 运动：_____
(4) 动态牵引：_____
(5) 个性化：_____

6）其他系统及电气设备操作检查
分别操作空调、灯光、电动车窗等电气设备，确认功能正常，并注意与传统汽车有何区别。如有异常，请记录。
异常记录：_____

2. 新能源汽车充电性能检查

新能源汽车充电性能检查实训要求

参考车型	实训车型	操作时间
大众 ID.4		30min

1）充电设置
进入车辆设置菜单，进行以下充电相关的设置。
(1) 设置动力蓄电池充电限值，包括上下限。
(2) 设置充电地点，包括创建、删除充电地点。
(3) 设置出发时间（定时充电），包括设置、激活出发时间。
(4) 选择即时充电。
如有异常，请记录。
记录：_____

2）充电操作
学习充电注意事项，进行充电相关设备检查，并进行车辆充电操作。如有异常，请记录。

新能源汽车维护任务工单

(1)充电桩检查,包括交流、直流充电桩检查。
异常记录:_____
(2)充电电缆认识,包括类型(交流、直流)电缆上的各种充电指示灯。
异常记录:_____
(3)充电接口认识,包括位置、交流或直流充电接口、充电接口开启和关闭。
记录:_____
(4)充电电缆连接,包括正确插入和拔出充电插头。
异常记录:_____
(5)充电过程,充电过程中车辆充电插座、充电电缆、组合仪表的显示。
异常记录:_____
思考及讨论: 如何确保充电时人身和车辆、设备安全?
讨论记录:_____

课堂测试

1. 填空题

(1)在车辆动力蓄电池的电量达到备用电量区域,应_____。
(2)如果车辆无法再用遥控钥匙开启或闭锁车辆,须对智能钥匙进行_____或更换电池。
(3)进入行驶准备就绪状态,纯电动汽车的_____系统处于启动状态,车辆可随时_____。
(4)作为电动汽车充电系统的配套设施,充电桩可分为_____充电桩、_____充电桩和_____充电桩几种类型。
(5)充电时,如果达到所需的电量,充电插座上的充电过程指示灯会点亮_____,可以拔出充电插头。

2. 判断题

(1)在车辆进入行驶就绪状态后或处于行驶状态时,仪表上警报/指示灯应熄灭。(　　)
(2)车辆无法闭锁或解锁的原因一定是遥控器电量不足。(　　)
(3)进入行驶准备就绪状态时,车辆的电驱动系统处于启动状态,可随时起步。(　　)
(4)为了节约电能,车辆下坡行驶时应处于空挡位置N,让车辆在下坡路段滑行。(　　)
(5)转向系统发生故障时,转向反应一定比平时更迟钝。(　　)

3. 单项选择题

(1)大众ID.4纯电动汽车的充电插座位于车辆的(　　)。
　　A. 前部　　　　B. 后部　　　　C. 右侧面　　　　D. 左侧面
(2)大众ID.4纯电动汽车的行驶准备就绪指示灯符号是(　　)。
　　A. OK　　　　B. READY　　　　C. START　　　　D. RUN

(3)车辆进入的行驶准备就绪状态应满足的条件是( )。
　　A.动力蓄电池电量充足,温度正常　　B.车内有有效钥匙
　　C.未连接充电电缆　　　　　　　　D.以上都是
(4)直流充电与交流充电的区别是( )。
　　A.不经过车载充电机充电　　　　　B.充电时间短
　　C.充电桩需要接入 AC 380V 电源　　D.以上都是
(5)大众 ID.4 纯电动汽车充电时,正在充电中的充电过程指示灯状态是( )。
　　A.红色持续点亮　B.白色间歇点亮　C.绿色间歇点亮　D.绿色持续点亮

4. 简答/思考题

(1)纯电动汽车哪些动力系统相关的警报/指示灯点亮时,哪些情况应立即制动,不能继续行驶？

(2)如果你拥有一辆大众 ID.4 纯电动汽车,可以采用哪几种充电方式？你认为哪种方式是最常用的？

任务评价

小组成员、教师分别对基本职业能力(社会能力、方法能力)及任务完成结果(专业能力)进行综合考评,并根据《职业能力考评表》要求评分,学生自评/同组互评得分供教师考评参考,以教师评分为准。

任务评价表

评分	学生自评:＿＿＿＿分	同组互评:＿＿＿＿分	教师考评:＿＿＿＿分
学生个人总结		学生签名:　　年　月　日	
小组评语及建议		组长签名:　　年　月　日	
教师评语及建议		教师签名:　　年　月　日	

新能源汽车维护任务工单

任务2 新能源汽车新车交付PDI检查

学生姓名：_____ 团队(小组)：_____ 时间：_____年_____月_____日

📋 任务分析

本工作任务共有2个操作任务。

操作任务1：纯电动汽车PDI检查；

操作任务2：混合动力电动汽车PDI检查。

请根据任务要求，对小组成员进行合理分工，小组进行讨论，参考《工作计划表》的内容制订工作计划，并记录主要内容。

任务分析记录：_____

📋 任务准备

参照《准备工作检查记录表》，阅读安全须知，检查并记录完成任务需要的场地、设备、工具及材料。

1. 安全须知阅读

请在操作之前认真阅读安全须知：□已阅读；□未阅读。原因：_____

2. 场地清洁检查

场地清洁，无杂物。检查结果记录：_____

3. 安全检查

无安全隐患。检查结果记录：_____

4. 车辆、设备、工具及其他用品检查

本次实训需要的各种车辆、设备、工具及其他用品型号正确；数量正确；技术参数符合要求；功能正常；外观无损坏。检查结果记录：_____

📋 任务实施

1. 纯电动汽车新车PDI检查

纯电动汽车新车PDI检查实训要求

参考车型	实训车型	操作时间
大众ID.4		60min

对纯电动汽车进行规范的 PDI 检查操作,并完成《大众 ID.4 纯电动汽车 PDI 检查卡》。

大众 ID.4 纯电动汽车 PDI 检查卡

PDI 检查卡	
购买车型： 　　　车身颜色： 　　　初始里程数：	
底盘号(后8位)： 　　　电动机号(9位)：	
下表是与车辆相关的文件及随车工具,如无问题请在相应的方框内打√	
随车文件、工具及附件	(1)证件及使用说明。 □车辆合格证 　□使用说明书 　□维护手册 　□三包凭证 □车辆一致性证书 　□底盘号拓印件 　□电机号拓印件 □救援手册 　□救援信息卡 　□所有证件、车辆铭牌底盘号与车架号相符 其他
	(2)随车工具及附件 □遥控钥匙(　个) 　□牵引环 　□三角警示牌 　□轮胎螺栓罩盖钩 其他
下表是与性能及质量相关的检查项,如无问题请在相应的方框内打√	
车辆状况确认	(1)外观检查 □车身清洁、表面完好无损 　□车内干净整洁、无脏污、无破损 □车辆配置无误 　□车身及内饰颜色无误 □警告标签完好(胎压、气囊等) 　□高压充电插座无脏污无损坏 □高压警示标志完好(前机舱、充电口)
	(2)前机舱检查 □无油液渗漏 　□管路及线束安装正常 　□冷却液、制动液位 □12V 蓄电池固定情况、正极/负极紧固情况 　□用检测仪检测12V 蓄电池并附上检测单
	(3)举升检查 □底盘无渗漏、无损伤 　□底盘件安装正常 　□去掉运输固定装置(若有)
	(4)主要功能检查 □遥控钥匙 　□车门中控锁按键 　□内外灯光 　□内外后视镜调整 □车窗及天窗 　□空调系统 　□收音机及导航 　□风窗清洗 　□调整时钟 □停车辅助(如有) 　□安全带锁止及高度调整 　□座椅及转向盘调整 □轮胎气压调整及胎压监控复位 　□其他电气功能检查
	(5)车辆状况检查 □动力系统功能 　□制动系统功能 　□转向系统功能 　□仪表无报警提示 □高压蓄电池电量≥80% 　□查询各控制单元故障存储,清除故障记忆
经现场检查、调试,车辆外观、内饰完好,随车工具齐全,随车文件齐全且外包装无脏污破损,车辆各项功能正常车况良好	

续上表

维修技师：	销售顾问：	顾客签字确认：	PDI 章
日期：	日期：		

注意事项：
(1)随车文件及工具因车辆类型不同而存在一定差异,交车中如存在上述表格中不一致的随车文件或工具请到其他栏目中注明。
(2)随车文件均为原件,请妥善保管。
(3)本表一式两份,第一联经销商保存,第二联客户保存。

思考及讨论：PDI 检查中,如果发现车辆出现严重的问题,如何处理？
记录：_____

2. 混合动力电动汽车 PDI 检查

混合动力电动汽车新车 PDI 检查实训要求

参考车型	实训车型	操作时间
丰田卡罗拉双擎		60min

对混合动力电动汽车进行规范的 PDI 检查操作,并完成"新车 PDI 检查表"。

新车 PDI 检查表

车身颜色：_____　　车架号：_____　　检查日期：_____

外观与内饰	□内部与外观缺陷(如变形、擦伤、锈蚀及色差等) □油漆、电镀部件和车内装饰 □关闭车门检查缝隙情况 □车玻璃有无划痕 □随车物品、合格证、工具、备胎、使用说明书 □VIN 码、铭牌 □示廓灯及牌照灯 □前照灯(远近光)、雾灯开关 □制动灯和倒车灯	室内检查与操作	□制动踏板高度与自由行程 □加速踏板自由行程与操作 □转向盘自由行程 □收音机调节 □转向盘自锁功能 □驻车制动调节 □遮阳板、内后视镜 □室内照明灯 □前后座椅安全带及安全带提示灯 □座椅靠背角度及头枕调整 □加油口盖的开启(混合动力电动汽车) □充电座盖的开启 □手套箱的开启及锁定 □前后刮水器及清洗器的工作情况 □点烟器及喇叭的操作
发动机舱	□制动液液位及缺油警告灯 □发动机机油液位(混合动力电动汽车) □冷却液液位及浓度 □玻璃清洗剂液位		

新能源汽车使用性能与PDI检查 | 项目一

续上表

底盘及悬挂系统	□底盘状态及排气系统 □变速器或减速器液位 □制动管路有无泄漏或破损 □轮胎气压（包括备胎）（前轮：220kPa；后轮：250kPa） □燃油系统管路有无泄露或破损（混合动力电动汽车） □确认所有车轮螺母转矩 □悬架的固定 □齿轮、齿条护罩情况	点火开关及车门装置	□组合仪表灯及性能检查 □门灯；中门儿童锁 □车门、门锁工作是否正常 □门边密封条接合情况 □钥匙的使用情况 □蓄电池的工作状况及各警告灯的显示情况 □电动车窗及开关
驾驶试验	□制动器及驻车制动的效果 □转向盘检查与自动回正 □挡杆换挡操作 □悬架系统工作情况		
热态检查	□燃油、防冻剂、冷却液、制动液及废气的渗漏 □冷却风扇的工作情况		□蓄电池电压≥12V，车辆READY时≥13.5V □有无其他异响
故障描述			
处理方法			

以上检查项目：合格"√"、异常"×"。

思考及讨论：混合动力电动汽车PDI检查与传统汽车有什么区别？

记录：_____

课堂测试

1. 填空题

（1）对于纯电动汽车，由于不再有_____，因此新车期间主要的磨合是指对底盘各机械系统，特别是_____部件的磨合。

（2）建议每天都对动力蓄电池充电，使其处于_____状态，延长寿命。

（3）商品车交付最终客户前，经销商进行的车辆质量状态检查称为_____检查。

（4）经销商相关的PDI检查应根据_____的要求执行，填写并提交相关的_____。

（5）前机舱内检查时，各液面的液位应在_____。

2. 判断题

（1）新能源汽车新车期间不需要磨合。　　　　　　　　　　　　　　　　（　　）

（2）对于混合动力电动汽车，由于发动机的起动与运转不再受驾驶人的控制，因此在新

13

车期间也不需要对发动机进行特殊的磨合。（　　）
(3) 在动力蓄电池使用过程中，应尽量降低充电频次，以延长其使用寿命。（　　）
(4) 由于没有起动机，纯电动汽车不需要装备低压蓄电池。（　　）
(5) 纯电动汽车没有发动机，因此不存在冷却液液位检查项目。（　　）

3. 单项选择题

(1) 大众ID.4纯电动汽车首保行驶里程/使用时间的规定是（　　）。
　　A. 1000km/1个月　　　　　　B. 3000km/3个月
　　C. 5000km/6个月　　　　　　D. 10000km/12个月

(2) 不属于新能源汽车日常检查的项目是（　　）。
　　A. 辅助蓄电池检查　　　　　B. 对于混合动力电动汽车需要进行机油检查
　　C. 变速器油的更换　　　　　D. 制动系统的检查

(3) 关于新能源汽车检查的要求，下面说法错误的是（　　）。
　　A. 应检查辅助蓄电池接头有无腐蚀或接头松弛、裂纹或压板松弛。
　　B. 进行高压系统检查前，不需要确认电机和所有附属设备都已关闭。
　　C. 混合动力电动汽车的换油程序与传统汽车的换油程序相似。
　　D. 新能源汽车冷却系统的检查与传统汽车冷却系统的检查相似。

(4) 以下属于大众ID.4纯电动汽车销售PDI检查内容的是（　　）。
　　A. 随车文件、工具及附件　　B. 车辆状况确认
　　C. 车辆各项功能正常车况良好　D. 以上都是

(5) 以下不属于混合动力电动汽车销售PDI检查项目的是（　　）。
　　A. 外观与内饰　　　　　　　B. 发动机舱
　　C. 发动机尾气排放检查　　　D. 室内检查与操作

4. 简答/思考题

(1) 简述动力蓄电池的使用要求。

(2) 简述大众ID.4纯电动汽车销售PDI检查时，与性能及车辆相关检查项的内容。

任务评价

小组成员、教师分别对基本职业能力（社会能力、方法能力）及任务完成结果（专业能力）进行综合考评，并根据《职业能力考评表》要求评分，学生自评/同组互评得分供教师考评参考，以教师评分为准。

任务评价表

评分	学生自评：_____分	同组互评：_____分	教师考评：_____分		
学生个人总结			学生签名：	年 月	日
小组评语及建议			组长签名：	年 月	日
教师评语及建议			教师签名：	年 月	日

项目二　新能源汽车常规维护内容与操作规范

任务1　新能源汽车一级维护内容与操作规范

学生姓名：_____　团队(小组)：_____　时间：____年____月____日

任务分析

本工作任务共有2个操作任务。

操作任务1：新能源汽车绝缘电阻检测；

操作任务2：新能源汽车一级维护操作。

请根据任务要求，对小组成员进行合理分工，小组进行讨论，参考《工作计划表》的内容制订工作计划，并记录主要内容。

任务分析记录：_____

_____

任务准备

参照《准备工作检查记录表》，阅读安全须知，检查并记录完成任务需要的场地、设备、工具及材料。

1. 安全须知阅读

请在操作之前认真阅读安全须知：□已阅读；□未阅读。原因：_____

2. 场地清洁检查

场地清洁，无杂物。检查结果记录：_____

3. 安全检查

无安全隐患。检查结果记录：_____

4. 车辆、设备、工具及其他用品检查

本次实训需要的各种车辆、设备、工具及其他用品型号正确；数量正确；技术参数符合要求；功能正常；外观无损坏。检查结果记录：_____

1. 新能源汽车绝缘电阻检测

新能源汽车绝缘电阻检测实训要求

参考车型	实训车型	操作时间
大众 ID.4		60min

操作步骤如下：

(1)使用故障诊断仪检查整车绝缘电阻监测系统,确认绝缘电阻监测系统无报警,如存在异常情况,请注意安全操作。

异常记录：_____

(2)根据检测项目,使用绝缘测试仪检测高压系统的绝缘电阻,并记录在绝缘电阻检测记录表上。

绝缘电阻检测记录表

车牌号：　　　　作业人员(签字)：　　　　　　　检测日期：　年　月　日

直流项	正极对车身		负极对车身	
检测项目	测量值	结果	测量值	结果
动力蓄电池				
驱动电机控制器				
PTC 加热器				
电除霜器				
电源变换器				
车载充电机				
充电插孔				
高压维修开关				

交流项	U 相对车身		V 相对车身		W 相对车身	
检测项目	测量值	结果	测量值	结果	测量值	结果
驱动电机						
电动转向电机						
电动空气压缩机						
驱动电机控制器						
车载充电机						

注：①结果一栏符合要求的记"√",不符合要求的记"O"；
②若无表中某项或某几项,则这些项目不做要求;若存在其他项目,宜作相应增项。

思考及讨论：如何确保绝缘电阻检测时人身和车辆、设备安全？

讨论记录：_____

2. 新能源汽车一级维护操作

新能源汽车一级维护操作实训要求

参考车型	实训车型	操作时间
大众 ID.4		60min

参照"电动系统专用装置一级维护作业项目和要求"，进行纯电动汽车一级维护操作（绝缘电阻检测除外）。

操作结果记录：_____

调整或维修建议：_____

课堂测试

1. 填空题

（1）汽车维护就是为了减少机件磨损，保证汽车具有良好工作性能，预防_____和延长车辆使用寿命而采取的维持性的_____。

（2）纯电动汽车维护分为常规维护和_____维护。

（3）汽车一级、二级维护由_____执行。

（4）纯电动汽车应按照车辆《维修手册》或使用说明书要求对动力蓄电池进行_____。

（5）检查整车绝缘电阻监测系统，绝缘电阻应符合_____的规定。

2. 判断题

（1）新能源汽车结构简单，不需要进行日常维护。　　　　　　　　（　　）

（2）新能源汽车维护操作中必须注意高压电的安全防护。　　　　　（　　）

（3）新能源汽车维护作业场地应干燥，并设置警示隔离区和警示牌。（　　）

（4）纯电动汽车高压系统维护作业人员应取得电工特种作业操作证，并经专业培训合格后上岗。　　　　　　　　　　　　　　　　　　　　　　　　　　　　　　（　　）

（5）日常维护、一级维护、二级维护由专业人员执行。　　　　　　（　　）

3. 单项选择题

（1）标准编号为 JT/T 1344—2020 的行业标准的名称是（　　　）。

　　A.《新能源汽车安全要求》

　　B.《新能源汽车维护、检测、诊断技术规范》

　　C.《纯电动汽车维护、检测、诊断技术规范》

　　D.《电动汽车安全要求》

（2）单项选择题（1）中行业标准规定，纯电动汽车维护分（　　　）。

A. 一级维护、二级维护、三级维护　　B. 日常维护、一级维护和二级维护

C. 首次维护和定期维护　　D. 首次维护、一级维护、二级维护

(3) 电动系统专用装置二级维护竣工检验路试项目包括(　　)。

A. 车辆应起动正常起步、加速平稳且无明显冲击动力传输应无异响

B. 转向应轻便,无卡滞现象

C. 行车制动过程中制动能量回收功能正常

D. 以上都是

(4)《电动汽车安全要求》(GB 18384—2020)的规定,在最大工作电压下,直流电路绝缘电阻应不小于(　　)。

A. 100Ω/V　　B. 500Ω/V　　C. 1000Ω/V　　D. 以上都不是

(5) 以下绝缘电阻检测,都要检测直流项和交流项的是(　)。

A. PTC 加热器　　B. 高压维修开关

C. 驱动电机控制器　　D. 动力蓄电池

4. 简答/思考题

(1) 简述电动系统专用装置一级维护作业项目中"整车绝缘"检查的内容和要求。

(2) 简述电动系统专用装置二级维护竣工检验项目和要求。

任务评价

小组成员、教师分别对基本职业能力(社会能力、方法能力)及任务完成结果(专业能力)进行综合考评,并根据《职业能力考评表》要求评分,学生自评/同组互评得分供教师考评参考,以教师评分为准。

任务评价表

评分	学生自评:_____分	同组互评:_____分	教师考评:_____分
学生个人总结			学生签名:　　年　月　日
小组评语及建议			组长签名:　　年　月　日
教师评语及建议			教师签名:　　年　月　日

任务 2　新能源汽车二级维护内容与操作规范

学生姓名：_____　团队（小组）：_____　时间：____年____月____日

📓 任务分析

本工作任务共有 2 个操作任务。
操作任务 1：新能源汽车二级维护操作；
操作任务 2：新能源汽车二级维护竣工检验。
请根据任务要求，对小组成员进行合理分工，小组进行讨论，参考《工作计划表》的内容制订工作计划，并记录主要内容。
任务分析记录：_____

📓 任务准备

参照《准备工作检查记录表》，阅读安全须知，检查并记录完成任务需要的场地、设备、工具及材料。

1. 安全须知阅读
请在操作之前认真阅读安全须知：□已阅读；□未阅读。原因：_____
2. 场地清洁检查
场地清洁，无杂物。检查结果记录：_____
3. 安全检查
无安全隐患。检查结果记录：_____
4. 车辆、设备、工具及其他用品检查
本次实训需要的各种车辆、设备、工具及其他用品型号正确；数量正确；技术参数符合要求；功能正常；外观无损坏。检查结果记录：_____

📓 任务实施

1. 新能源汽车二级维护操作

新能源汽车二级维护操作实训要求

参考车型	实训车型	操作时间
大众 ID.4		60min

参照"电动系统专用装置二级维护作业项目和要求",以及"定期保养的作业范围",进行纯电动汽车定期维护(二级维护)操作。

操作结果记录：_____

调整或维修建议：_____

思考及讨论：行业标准《纯电动汽车维护、检测、诊断技术规范》(JT/T 1344—2020)规定的"电动系统专用装置二级维护作业项目和要求"与汽车生产厂家"定期维护的作业范围",两者有哪些差别?

讨论记录：_____

2. 新能源汽车二级维护竣工检验

新能源汽车二级维护竣工检验实训要求

参考车型	实训车型	操作时间
大众 ID.4		30min

完成新能源汽车二级维护操作后,进行二级维护竣工检验,并记录。

电动系统专用装置二级竣工维护检验记录表

托修方	车牌号：				
承修方					
检验项目	检验结果				
故障码	□无故障码 □有故障码,信息描述：				
仪表、信号指示装置	□无异常报警或信号体系 □有异常报警或信号体现,信息描述：				
灭火装置	□功能正常且在有效期内 □更换				
充电状态	□充电配合正常,充电保护有效 □充电连接异常				
绝缘性	□绝缘有效 □绝缘故障				
检查项目	运行状况	外观	固定情况	密封性	冷却(散热)系统
动力蓄电池系统					
驱动电机系统					
电动空气压缩机					/
转向系统					/
空调系统					/
电除霜器	/				/
高压维修开关	/				/
电源变换器	/				/
车载充电机					/
充电插孔	/				/

续上表

检查项目	运行状况	外观	固定情况	密封性	冷却(散热)系统
制动能量回收系统		/	/	/	/
高压警告标记	/			/	/
结论:			检验人员(签字):	年 月	日

注：①检查结果中符合要求的对应位置记"√"，不符合要求的记"O"，"/"标识此项不做要求；
②若无表中某项或某几项，则这些项目不做要求；若存在其他项目，宜作相应增项。

思考及讨论：如果二级维护竣工检验结果有不符合要求的项目，应如何处理？
讨论记录：_____

课堂测试

1. 填空题

(1) 新能源汽车按时间或行驶里程维护的时间是_____的。

(2) 大众 ID.4 纯电动汽车第一次维护预警会在维护到期前_____显示。

(3) 附加维护工作是指除周期性维护、检查外，还要根据_____和_____进行其他维护工作。

(4) 大众 ID.4 纯电动汽车首次维护在车辆行驶里程_____或_____进行。

(5) 大众 ID.4 纯电动汽车的维护周期复位可以采用_____或_____复位。

2. 判断题

(1) 从技术角度出发，新能源汽车维护工作必须严格按照维护周期来进行。（ ）

(2) 大众 ID.4 厂家规定在行驶里程 7500km 或 3 个月进行首次维护工作。（ ）

(3) 附加维护工作是指除周期性维护、检查之外，还要根据使用条件和车辆配置进行其他的维护工作。（ ）

(4) 为了保证安全，新能源汽车每次维护时都必须更换制动液。（ ）

(5) 纯电动汽车使用的变速器润滑油与传统车型使用的自动变速器润滑油一致。（ ）

3. 单项选择题

(1) 大众 ID.4 纯电动汽车定期维护周期是首保后（   ）。
　　A. 每 5000km 或每 6 个月　　　　B. 每 10000km 或每 1 年
　　C. 每 7500km 或每 6 个月　　　　D. 根据实际需要

(2) 大众 ID.4 纯电动汽车前、后制动摩擦衬块标准厚度是（   ）。
　　A. 前制动标准 >2mm（包括背板）；后制动标准 >1mm（包括背板）
　　B. 前制动标准 >2mm（不计背板）；后制动标准 >1mm（不计背板）
　　C. 前、后制动标准 >2mm（不计背板）
　　D. 前、后制动标准 >1mm（不计背板）

(3)大众ID.4纯电动汽车高压蓄电池定期维护检查项目包括(　　)。
   A. 检查模组温度、静态的电池温差是否符合要求
   B. 检查电池总电压、静态的电池压差是否符合要求
   C. 检查冷却液进口、出口温度是否在正常范围内
   D. 以上都是
(4)以下属于大众ID.4附件维护周期项目的是(　　)。
   A. 进行LED前照灯基本设置　　　B. 更换制动液
   C. 更换制冷剂　　　　　　　　　D. 以上都是
(5)纯电动汽车维护时不需要检查的液体是(　　)。
   A. 电机冷却液　　B. 制动液　　C. 发动机机油　　D. 减速器油

4. 简答/思考题

(1)简述大众ID.4纯电动汽车维护周期划分方法。

(2)简述大众ID.4纯电动汽车附加维护周期及项目。

任务评价

小组成员、教师分别对基本职业能力(社会能力、方法能力)及任务完成结果(专业能力)进行综合考评,并根据《职业能力考评表》要求评分,学生自评/同组互评得分供教师考评参考,以教师评分为准。

任务评价表

评分	学生自评：_____分	同组互评：_____分	教师考评：_____分
学生个人总结		学生签名：	年　月　日
小组评语及建议		组长签名：	年　月　日
教师评语及建议		教师签名：	年　月　日

项目三　新能源汽车高压系统检查与调整

任务1　动力蓄电池系统检查与调整

学生姓名：_____　团队(小组)：_____　时间：____年____月____日

📋 任务分析

本工作任务共有2个操作任务。

操作任务1：动力蓄电池管理系统检查与调整；

操作任务2：动力蓄电池工作状况、外观、冷却系统检查与调整。

请根据任务要求，对小组成员进行合理分工，小组进行讨论，参考《工作计划表》的内容制订工作计划，并记录主要内容。

任务分析记录：_____

_____

📋 任务准备

参照《准备工作检查记录表》，阅读安全须知，检查并记录完成任务需要的场地、设备、工具及材料。

1. 安全须知阅读

请在操作之前认真阅读安全须知：□已阅读；□未阅读。原因：_____

2. 场地清洁检查

场地清洁，无杂物。检查结果记录：_____

3. 安全检查

无安全隐患。检查结果记录：_____

4. 车辆、设备、工具及其他用品检查

本次实训需要的各种车辆、设备、工具及其他用品型号正确；数量正确；技术参数符合要求；功能正常；外观无损坏。检查结果记录：_____

 任务实施

1. 动力蓄电池管理系统检查与调整

动力蓄电池管理系统检查与调整实训要求

参考车型	实训车型	操作时间
大众 ID.4		30min

操作步骤如下：

1）准备工作

连接故障诊断仪器到车辆诊断座。

2）检查与调整操作

（1）读取车辆所有系统的故障记录。

检查结果记录：_____

如果存在异常，调整或维修建议：_____

（2）读取高压蓄电池管理系统数据，并记录。

高压蓄电池管理系统数据记录表

序号	数据项目	检查数值	是否正常
1	高压蓄电池模组温度		
2	高压蓄电池静态温差范围		
3	高压蓄电池静态压差范围		
4	高压蓄电池总电压		
5	高压系统绝缘阻值		
6	高压蓄电池冷却液进口温度		
7	高压蓄电池冷却液出口温度		
8			
9			
10			

如果存在异常，调整或维修建议：_____

思考及讨论：检查动力蓄电池时如何确保人身和车辆、设备安全？

讨论记录：_____

2. 动力蓄电池工作状况、外观、冷却系统检查与调整

动力蓄电池工作状况、外观、冷却系统检查与调整操作实训要求

参考车型	实训车型	操作时间
大众 ID.4		30min

操作步骤如下：

1）准备工作
(1) 检查并戴好安全防护装备。
(2) 根据需要进行高压安全断电操作。
2）检查与调整操作
(1) 动力蓄电池的工作状况。
检查结果记录：＿＿＿＿＿＿＿＿＿＿＿＿＿＿＿＿＿＿＿＿＿＿＿＿＿＿
如果存在异常，调整或维修建议：＿＿＿＿＿＿＿＿＿＿＿＿＿＿＿＿＿＿
(2) 动力蓄电池的外观。
检查结果记录：＿＿＿＿＿＿＿＿＿＿＿＿＿＿＿＿＿＿＿＿＿＿＿＿＿＿
如果存在异常，调整或维修建议：＿＿＿＿＿＿＿＿＿＿＿＿＿＿＿＿＿＿
(3) 动力蓄电池的冷却系统。
检查结果记录：＿＿＿＿＿＿＿＿＿＿＿＿＿＿＿＿＿＿＿＿＿＿＿＿＿＿
如果存在异常，调整或维修建议：＿＿＿＿＿＿＿＿＿＿＿＿＿＿＿＿＿＿
思考及讨论：是否所有车型的动力蓄电池都装备冷却系统？
讨论记录：＿＿＿＿＿＿＿＿＿＿＿＿＿＿＿＿＿＿＿＿＿＿＿＿＿＿＿＿

课堂测试

1. 填空题

(1) 大部分高压蓄电池含有危险的＿＿＿＿和＿＿＿＿物质。

(2) 所有的高压蓄电池寿命取决于其＿＿＿＿和＿＿＿＿。

(3) 在日常使用中，请勿将高压蓄电池电量充至＿＿＿＿。可在信息娱乐系统中将高压蓄电池充电上限值设置为＿＿＿＿。

(4) 如果在故障存储器中只有偶发故障或提示说明，并且客户并没有报修与汽车电子系统相关的故障，则请＿＿＿＿的记录。

(5) 动力蓄电池工作状况检查与调整中，检查仪表显示的＿＿＿＿、电压、＿＿＿＿、温度等示值应符合车辆维修工作状况及《维修手册》的规定。

2. 判断题

(1) 新能源汽车上每个高压部件，包括高压蓄电池上有提示危险的警告牌。（　　）

(2) 高电压蓄电池的维护作业只能由汽车维修技师进行。（　　）

(3) 动力蓄电池损坏后，可以出售给任何废品回收人员。（　　）

(4) 在日常使用中，应尽量将高压蓄电池电量充至100％。（　　）

(5) 避免使用直流电（DC）定期快速充电，因为直流电充电电流较高。（　　）

3. 单项选择题

(1) 以下不属于高电压系统组成部件的是（　　）。

　　A. 高压蓄电池　　　　　　B. 高电压空调压缩机
　　C. 电机　　　　　　　　　D. 前照灯

(2) 如车辆在电量较低的情况下长时间停放。电量不应长期降至( )以下。
　　A. 80%　　　　　B. 50%　　　　　C. 20%　　　　　D. 10%
(3) 动力蓄电池的外观检查与调整包括( )。
　　A. 检查电池周围是否有刺激和烧焦等异味
　　B. 检查电池底护板
　　C. 检查电池固定螺栓与电位均衡线螺母
　　D. 以上都是
(4) 进行常规维护时,对动力蓄电池充电电量应( )。
　　A. 充满电　　　B. 充到80%　　　C. 充到50%　　　D. 根据客户要求
(5) 进行动力蓄电池管理系统检查与调整时,读取的数据包括( )。
　　A. 电池模组温度及温差范围　　　　B. 电池总电压及压差
　　C. 高压系统绝缘阻值　　　　　　　D. 以上都是

4. 简答/思考题

(1) 简述动力蓄电池工作状况检查与调整的要求和步骤。

(2) 动力蓄电池管理系统检查与调整时,需要检查那些数据?

任务评价

小组成员、教师分别对基本职业能力(社会能力、方法能力)及任务完成结果(专业能力)进行综合考评,并根据《职业能力考评表》要求评分,学生自评/同组互评得分供教师考评参考,以教师评分为准。

任务评价表

评分	学生自评:_____分	同组互评:_____分	教师考评:_____分
学生个人总结			学生签名:　　年　　月　　日
小组评语及建议			组长签名:　　年　　月　　日
教师评语及建议			教师签名:　　年　　月　　日

任务2　驱动系统检查与调整

学生姓名：_____　团队(小组)：_____　时间：_____年_____月_____日

任务分析

本工作任务共有2个操作任务。
操作任务1：驱动系统检查与调整；
操作任务2：驱动电机及控制器冷却系统检查与调整。
请根据任务要求，对小组成员进行合理分工，小组进行讨论，参考《工作计划表》的内容制订工作计划，并记录主要内容。
任务分析记录：_____
_____

任务准备

参照《准备工作检查记录表》，阅读安全须知，检查并记录完成任务需要的场地、设备、工具及材料。

1. 安全须知阅读

请在操作之前认真阅读安全须知：□已阅读；□未阅读。原因：_____

2. 场地清洁检查

场地清洁，无杂物。检查结果记录：_____

3. 安全检查

无安全隐患。检查结果记录：_____

4. 车辆、设备、工具及其他用品检查

本次实训需要的各种车辆、设备、工具及其他用品型号正确；数量正确；技术参数符合要求；功能正常；外观无损坏。检查结果记录：_____

任务实施

1. 驱动系统检查与调整

驱动系统检查与调整实训要求

参考车型	实训车型	操作时间
大众 ID.4		30min

操作步骤如下:
1)准备工作
(1)根据需要拆卸车辆前部、后部的底部饰板。
(2)准备工具设备,并做好安全防护及高压安全断电。
2)检查与调整操作
(1)驱动电机外观检查。
检查结果记录:_____
如果存在异常,调整或维修建议:_____
(2)变速驱动机构的润滑系统检查。
检查结果记录:_____
如果存在异常,调整或维修建议:_____
思考及讨论: 如何确保检查驱动电机时人身和车辆、设备安全?
讨论记录:_____

2. 驱动电机及控制器冷却系统检查与调整

驱动电机及控制器冷却系统检查与调整操作实训要求

参考车型	实训车型	操作时间
大众ID.4		30min

操作步骤如下:
1)准备工作
(1)检查并戴好安全防护装备(手套及防护眼镜)。
(2)等待冷却液冷却,然后卸载过压,打开密封盖。
2)检查与调整操作
(1)冷却系统外观部件检查。
检查结果记录:_____
如果存在异常,调整或维修建议:_____
(2)冷却液冰点检测。
检查结果记录:_____
如果存在异常,调整或维修建议:_____
(3)冷却液液位检查。
检查结果记录:_____
如果存在异常,调整或维修建议:_____
思考及讨论: 是否所有车型的驱动系统都装备冷却系统?
讨论记录:_____

课堂测试

1. 填空题

（1）检查驱动电机安全防护时，将车辆举升，目测_____有无磕碰、划伤、损坏的现象。

（2）捏紧冷却水管，如电动冷却液泵运转无声音变化，则水道内冷却液_____或_____。

（3）驱动电机与控制器冷却系统直接影响驱动电机的_____和_____。

（4）如果冷却液的液位过低，必须根据汽车使用地区当前_____选择相应类型的原装冷却液或_____的冷却液加注缺少量。

（5）如果冷却液防冻能力很差，则需_____冷却液并重新加注。

2. 判断题

（1）如果驱动电机及驱动电机控制器表面很脏，应采用高压水枪清洁。（　　）

（2）驱动电机变速驱动机构使用的润滑油脂应符合车辆《维修手册》的规定。（　　）

（3）冷却系统处于热态时存在过压，高温蒸汽和高温冷却液可能造成烫伤。（　　）

（4）在温暖季节或温带区域，可以通过添加蒸馏水来降低冷却液的浓度。（　　）

（5）如果冷却液防冻能力很差，则需排空冷却液并重新加注。（　　）

3. 单项选择题

（1）捏紧冷却水管使其水道内部阻力增大，使电动冷却液泵转速变小，如果无声音变化，说明（　　）。

　　A. 冷却系统正常　　　　　　B. 冷却液没有循环或循环不畅

　　C. 冷却液浓度过低　　　　　D. 冷却液不足

（2）车辆使用过程中，需要使用冰点测试仪检测冷却液浓度的周期是（　　）。

　　A. 1年或20000km　　　　　B. 2年或40000km

　　C. 3年或60000km　　　　　D. 越短越好

（3）大众ID.4纯电动汽车冷却系统都要加注冷却液类型是（　　）。

　　A. G13或G12 Evo　　　　　B. A13或A12 Evo

　　C. 蒸馏水　　　　　　　　　D. 只要是冷却液即可

（4）以下不属于驱动电机系统检查与调整要求的是（　　）。

　　A. 检查驱动电机运行工作状况，运行应平稳，且无异常振动和噪声

　　B. 紧固驱动电机的三相接线柱、驱动电机控制器的三相接线柱及正负极接线柱的固定螺栓

　　C. 检查驱动电机系统高压接线盒内部状况，接线盒内部应干燥、无冷凝水

　　D. 将加速踏板踩到底，查看驱动电机能否达到最高的转速

（5）如果驱动电机及控制器冷却系统冷却液持续减少，最可能的情况是（　　）。

　　A. 冷却液浓度不足　　　　　B. 冷却液泵故障

　　C. 驱动电机温度太高　　　　D. 冷却管路泄漏

4. 简答/思考题

（1）简述驱动电机系统检查与调整操作规范。

（2）简述驱动电机冷却系统检查与调整步骤。

任务评价

小组成员、教师分别对基本职业能力（社会能力、方法能力）及任务完成结果（专业能力）进行综合考评，并根据《职业能力考评表》要求评分，学生自评/同组互评得分供教师考评参考，以教师评分为准。

任务评价表

评分	学生自评：_____分	同组互评：_____分	教师考评：_____分
学生个人总结		学生签名： 年 月 日	
小组评语及建议		组长签名： 年 月 日	
教师评语及建议		教师签名： 年 月 日	

任务 3　高压配电系统检查与调整

学生姓名：_____　团队(小组)：_____　时间：____年____月____日

📓 任务分析

本工作任务共有 2 个操作任务。
操作任务 1：高压配电系统整体配置检查与调整；
操作任务 2：高压维修开关及其他高压组件检查与调整。
请根据任务要求，对小组成员进行合理分工，小组进行讨论，参考《工作计划表》的内容制订工作计划，并记录主要内容。
任务分析记录：_____
_____

📓 任务准备

参照《准备工作检查记录表》，阅读安全须知，检查并记录完成任务需要的场地、设备、工具及材料。

1. 安全须知阅读

请在操作之前认真阅读安全须知：□已阅读；□未阅读。原因：_____

2. 场地清洁检查

场地清洁，无杂物。检查结果记录：_____

3. 安全检查

无安全隐患。检查结果记录：_____

4. 车辆、设备、工具及其他用品检查

本次实训需要的各种车辆、设备、工具及其他用品型号正确；数量正确；技术参数符合要求；功能正常；外观无损坏。检查结果记录：_____

📓 任务实施

1. 高压配电系统整体配置检查与调整

高压配电系统整体配置检查与调整实训要求

参考车型	实训车型	操作时间
大众 ID.4		30min

操作步骤如下：
1）准备工作
（1）检查及穿戴高压安全防护装备。
（2）故障诊断仪、绝缘测试仪等工具设备。
2）检查与调整操作
进行高压配电系统整体配置检查。
检查结果记录：_____
如果存在异常，调整或维修建议：_____
思考及讨论：如何确保检查高压配电系统时人身和车辆、设备安全？
讨论记录：_____

2. 高压维修开关及其他高压组件检查与调整

高压维修开关及其他高压组件检查与调整操作实训要求

参考车型	实训车型	操作时间
大众 ID.4		30min

操作步骤如下：
1）准备工作
（1）检查及穿戴高压安全防护装备。
（2）故障诊断仪、绝缘测试仪等工具设备。
2）检查与调整操作
（1）高压维修开关检查。
检查结果记录：_____
如果存在异常，调整或维修建议：_____
（2）车载充电机检查。
检查结果记录：_____
如果存在异常，调整或维修建议：_____
（3）电源变换器检查。
检查结果记录：_____
如果存在异常，调整或维修建议：_____
（4）空调系统检查。
检查结果记录：_____
如果存在异常，调整或维修建议：_____
（5）充电插孔检查。
检查结果记录：_____
如果存在异常，调整或维修建议：_____
（6）其他高压组件检查。
检查结果记录：_____

新能源汽车维护任务工单

如果存在异常,调整或维修建议:_____

思考及讨论:不同车型的高压配电系统是否相同?

讨论记录:_____

课堂测试

1. 填空题

(1)新能源汽车应用中,一般将_____和_____之间的高压配电箱单元称为BDU。

(2)高压线束、接线柱等连接应_____、_____。

(3)车载充电机外表面应_____或杂物,且_____。

(4)目检机舱时,必须注意电驱动装置的功率和控制电子装置、蓄电池和空调压缩机、电驱动装置的_____、充电盖板内的高电压_____。

(5)电源变换器应能完成高低压_____,为低压蓄电池充电,并为_____供电。

2. 判断题

(1)高压线束及接线柱的连接应固定可靠、无松脱。（　　）

(2)整车线束外表面,线束绝缘层应无老化、破损,且无裸露。（　　）

(3)绝缘检查的目的是防止高压配电系统内部断路。（　　）

(4)所有高压组件都不得有外部损坏。（　　）

(5)检查高组件时,发现异常进行处理或提出维修建议。（　　）

3. 单项选择题

(1)高压配电系统中,需要检查的高压组件包括(　　)。
   A. 车载充电机　　　　　　B. 电源变换器
   C. 空调压缩机　　　　　　D. 以上都是

(2)高压配电系统整体配置检查与调整要求包括(　　)。
   A. 外表面清洁情况　　　　B. 安装固定情况
   C. 线束及插接器连接情况　D. 以上都是

(3)进行车载充电机检查时,以下说法错误的是(　　)。
   A. 检查车载充电机外表面应无积尘或杂物,且干燥
   B. 充电工作状态,充电连接配合正常,充电保护有效
   C. 车载充电机不存在高电压
   D. 机体安装固定情况,固定螺栓紧固力矩应符合《维修手册》的规定

(4)空调系统中,属于高压组件的是(　　)。
   A. 风机　　　　B. PTC加热器　　　　C. 冷凝器　　　　D. 控制面板

(5)高电压导线要求包括(　　)。
   A. 绝缘层必须完好　　　　B. 不得异常变形
   C. 插接件插接正常　　　　D. 以上都是

4. 简答/思考题

（1）简述高压配电系统高低压线束、接插件检查与调整要求。

（2）简述高压配电系统整体配置检查与调整要点。

任务评价

小组成员、教师分别对基本职业能力（社会能力、方法能力）及任务完成结果（专业能力）进行综合考评，并根据《职业能力考评表》要求评分，学生自评/同组互评得分供教师考评参考，以教师评分为准。

任务评价表

评分	学生自评：_____分	同组互评：_____分	教师考评：_____分
学生个人总结		学生签名：	年　月　日
小组评语及建议		组长签名：	年　月　日
教师评语及建议		教师签名：	年　月　日

项目四　新能源汽车底盘系统检查与调整

任务1　新能源汽车制动系统检查与调整

学生姓名：_____　团队(小组)：_____　时间：_____年____月____日

任务分析

本工作任务共有3个操作任务。
操作任务1：电控制动系统检查与调整；
操作任务2：电动真空助力系统检查与调整；
操作任务3：液压制动系统检查与调整。
请根据任务要求，对小组成员进行合理分工，小组进行讨论，参考《工作计划表》的内容制订工作计划，并记录主要内容。
任务分析记录：_____
_____

任务准备

参照《准备工作检查记录表》，阅读安全须知，检查并记录完成任务需要的场地、设备、工具及材料。

1. 安全须知阅读

请在操作之前认真阅读安全须知：□已阅读；□未阅读。原因：_____

2. 场地清洁检查

场地清洁，无杂物。检查结果记录：_____

3. 安全检查

无安全隐患。检查结果记录：_____

4. 车辆、设备、工具及其他用品检查

本次实训需要的各种车辆、设备、工具及其他用品型号正确；数量正确；技术参数符合要求；功能正常；外观无损坏。检查结果记录：_____

任务实施

1. 电控制动系统检查与调整

电控制动系统检查与调整实训要求

参考车型	实训车型	操作时间
大众ID.4		30min

操作步骤如下:

1)准备工作

连接故障诊断仪器到车辆诊断座。

2)检查与调整操作

(1)读取电控制动系统的故障码。

检查结果记录:_____

如果存在异常,调整或维修建议:_____

(2)读取电控制动系统数据,并记录。

电控制动系统数据记录表

序号	数据项目	检查数值	是否正常
1			
2			
3			
4			
5			

如果存在故障,维修建议:_____

思考及讨论:如果电控制动系统的ABS、ASR、ESP故障指示灯同时点亮,如何处理?

讨论记录:_____

2. 电动真空助力系统检查与调整

电动真空助力系统检查与调整操作实训要求

参考车型	实训车型	操作时间
比亚迪e5/e6		30min

操作步骤如下:

1)准备工作

(1)举升车辆,并拆下底盘护板。

(2)数字万用表。

2)检查与调整操作

(1)检查电动真空泵动作情况。

检查结果记录：_____

如果存在异常,调整或维修建议：_____

(2)检查真空罐本体、真空压力传感器、连接软管,以及导线及连接器。

检查结果记录：_____

如果存在异常,调整或维修建议：_____

思考及讨论：是否所有车型都装备电动真空助力系统？没有装备的车型,如何进行制动助力？

讨论记录：_____

3. 液压制动系统检查与调整

液压制动系统检查与调整操作实训要求

参考车型	实训车型	操作时间
比亚迪 e5/e6		30min

操作步骤如下：

1)准备工作

举升车辆。

2)检查与调整操作

(1)检查制动液。

检查结果记录：_____

如果存在异常,调整或维修建议：_____

制动液更换记录：_____

(2)检查真空助力器及制动总泵总成。

检查结果记录：_____

如果存在异常,调整或维修建议：_____

(3)检查制动软管。

检查结果记录：_____

如果存在异常,调整或维修建议：_____

(4)检查前后制动器。

检查结果记录：_____

如果存在异常,调整或维修建议：_____

(5)检查 ABS 执行器总成。

检查结果记录：_____

如果存在异常,调整或维修建议：_____

思考及讨论：新能源汽车的液压制动系统与传统汽车的液压制动系统是否完全一致？

讨论记录：_____

课堂测试

1. 填空题

(1) 新能源汽车制动系统的助力由_____或电控的_____提供动力源。

(2) 车辆实施紧急制动,如果所有车轮_____或出现断断续续的_____,则说明 ABS 系统起作用。

(3) 电动真空助力系统的真空罐_____检测到真空度不足,就会发送信号给_____控制器。

(4) 采用电动真空助力系统的车型,踩下制动踏板并起动车辆,应能听到_____动作的声音。如果制动踏板能够继续稍稍向下移动一点,表示系统_____。

(5) 制动系统真空助力器检查时,如果在 30s 内,制动踏板的余量_____,表示真空助力器密封性良好,否则需检查真空助力器的_____。

2. 判断题

(1) 新能源汽车与传统汽车制动系统机械及液压部件完全不同。（　　）

(2) 新能源汽车都采用电控制动系统,检查时应确保电控制动系统正常工作。（　　）

(3) 新能源汽车都采用电动真空助力系统的制动系统。（　　）

(4) 真空罐属于一种储能装置,能始终为制动管路维持一定的真空度。（　　）

(5) 电动真空泵受由 ABS 控制单元控制的真空泵继电器控制。（　　）

3. 单项选择题

(1) 打开点火开关,如果电控制动系统工作正常,ABS 故障指示灯应该（　　）。
　　A. 长时间点亮　　　　　　　B. 不会点亮
　　C. 瞬时点亮,然后熄灭　　　D. 快速闪烁

(2) 如果电动真空助力系统的真空度一直不足,真空泵应该（　　）。
　　A. 持续工作　　　　　　　　B. 持续工作 15s 后自动停止
　　C. 持续工作 30s 后自动停止　D. 不工作

(3) 电动真空泵的控制模块是（　　）。
　　A. ABS 控制单元　　　　　　B. 动力蓄电池 BMS
　　C. 驱动电机控制器　　　　　D. 整车控制器 VCU

(4) 起动车辆 1~2min 后停机。慢慢踩踏制动踏板数次,如果第一次踩下的踏板的行程量大,在第二次或第三次,制动踏板渐渐回抬,表示（　　）。
　　A. 真空助力器密封性不良　　B. 真空助力器密封性良好
　　C. 制动系统泄漏　　　　　　D. 制动踏板连接机构故障

(5) 新能源汽车制动系统检查与调整和传统汽车一致的是（　　）。
　　A. 制动系统排气　　　　　　B. 制动踏板调整及更换
　　C. 制动器及液压管路检修　　D. 以上都是

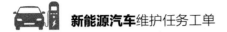

4. 简答/思考题

(1) 简述电动真空助力系统检查操作步骤。

(2) 简述液压制动系统检查与调整操作步骤。

任务评价

小组成员、教师分别对基本职业能力(社会能力、方法能力)及任务完成结果(专业能力)进行综合考评,并根据《职业能力考评表》要求评分,学生自评/同组互评得分供教师考评参考,以教师评分为准。

任务评价表

评分	学生自评：_____分	同组互评：_____分	教师考评：_____分
学生个人总结		学生签名：	年　月　日
小组评语及建议		组长签名：	年　月　日
教师评语及建议		教师签名：	年　月　日

任务 2　新能源汽车转向系统检查与调整

学生姓名：_____　团队(小组)：_____　时间：____年____月____日

任务分析

本工作任务共有 2 个操作任务。

操作任务 1：电动转向系统检查与调整；

操作任务 2：转向系统机械部件检查与调整。

请根据任务要求，对小组成员进行合理分工，小组进行讨论，参考《工作计划表》的内容制订工作计划，并记录主要内容。

任务分析记录：_____

任务准备

参照《准备工作检查记录表》，阅读安全须知，检查并记录完成任务需要的场地、设备、工具及材料。

1. 安全须知阅读

请在操作之前认真阅读安全须知：□已阅读；□未阅读。原因：_____

2. 场地清洁检查

场地清洁，无杂物。检查结果记录：_____

3. 安全检查

无安全隐患。检查结果记录：_____

4. 车辆、设备、工具及其他用品检查

本次实训需要的各种车辆、设备、工具及其他用品型号正确；数量正确；技术参数符合要求；功能正常；外观无损坏。检查结果记录：_____

任务实施

1. 电动转向系统检查与调整

电动转向系统检查与调整实训要求

参考车型	实训车型	操作时间
大众 ID.4		30min

操作步骤如下：

1）准备工作

（1）连接故障诊断仪器到车辆诊断座。

（2）准备拉力计（弹簧秤）。

2）检查与调整操作

（1）检查电动转向系统的故障指示灯。

检查结果记录：_____

如果异常，调整或维修建议：_____

（2）读取电动转向系统的故障码。

检查结果记录：_____

如果异常，调整或维修建议：_____

（3）读取电动转向系统数据，并记录。

电动转向系统数据记录表

序号	数据项目	检查数值	是否正常
1			
2			
3			
4			
5			

如果存在故障，维修建议：_____

（4）检查电动转向系统转向力。

检查结果记录：_____

如果异常，调整或维修建议：_____

思考及讨论：如果电动转向系统的机械部分发生故障，EPS故障指示灯会不会点亮？

讨论记录：_____

2.转向系统机械部件检查与调整

转向系统机械部件检查与调整操作实训要求

参考车型	实训车型	操作时间
大众ID.4		30min

操作步骤如下：

1）准备工作

举升车辆，并拆下底盘护板。

2）检查与调整操作

（1）检查转向机构总成外观

检查结果记录：

如果异常,调整或维修建议:_____

(2)检查转向横拉杆。

检查结果记录:_____

如果异常,调整或维修建议:_____

思考及讨论: 新能源汽车的转向系统机械部分与传统汽车的转向系统是否完全一致?

讨论记录:_____

课堂测试

1. 填空题

(1)新能源汽车的电动转向系统是在原机械转向系统基础上安装一个_____,作为转向的_____。

(2)打开点火开关,EPS 故障指示灯瞬时_____,然后_____,说明 EPS 系统正常。

(3)转向力的检查有助于判断电动转向系统的_____工作情况。

(4)电动转向系统转向力可以采用专用的_____或_____(弹簧秤)检查。

(5)电动转向系统检查、调整、维修操作时,应避免撞击电子部件,如_____和_____。

2. 判断题

(1)新能源汽车电动转向系统与传统汽车的电动转向系统基本相同。   ( )

(2)断开或重新连接电动转向系统连接器时必须确认点火开关置于 ON 位置。   ( )

(3)打开点火开关,EPS 故障指示灯一直点亮,说明 EPS 系统工作正常。   ( )

(4)EPS 故障指示灯一旦持续点亮,车辆就不能继续行驶。   ( )

(5)如果转向力低于标准值,应检查电动转向系统的电控系统及机械部件。   ( )

3. 单项选择题

(1)打开点火开关,如果电动转向系统工作正常,EPS 故障指示灯应该(   )。

    A. 长时间点亮　　　　　　　B. 不会点亮

    C. 瞬时点亮,然后熄灭　　　D. 快速闪烁

(2)如果电动转向系统故障指示灯持续点亮,原因不可能是(   )。

    A. EPS 系统记忆故障码　　　B. EPS 需要执行初始化程序

    C. EPS 控制器损坏　　　　　D. 转向横拉杆松动

(3)电动转向系统转向力检查的条件包括(   )。

    A. 汽车停放水平路面,转向盘平直向前

    B. 轮胎充气压力符合规定的要求

    C. 车辆处于起动状态(READY 或 OK)

    D. 以上都是

(4)转向横拉杆检查时发现球节间隙过大,应该(   )。

    A. 紧固即可　　　　　　　　B. 更换新件

C. 正常现象无须处理　　　　　　　D. 执行 EPS 系统初始化

(5) 当拆卸转向机械机构时,应该注意(　　)。

A. 避免撞击转向管柱或者转向机总成,特别是电机或者转矩传感器,如果这些部件遭受严重撞击,则应更换新件

B. 当移动管柱或者转向机总成时,不要提拉线束

C. A 和 B 都是

D. A 和 B 都不是

4. 简答/思考题

(1) 简述电动转向系统 EPS 故障指示灯的正常工作状态。

(2) 简述转向横拉杆的检查方法。

任务评价

小组成员、教师分别对基本职业能力(社会能力、方法能力)及任务完成结果(专业能力)进行综合考评,并根据《职业能力考评表》要求评分,学生自评/同组互评得分供教师考评参考,以教师评分为准。

任务评价表

评分	学生自评:＿＿＿分	同组互评:＿＿＿分	教师考评:＿＿＿分
学生个人总结		学生签名:	年　月　日
小组评语及建议		组长签名:	年　月　日
教师评语及建议		教师签名:	年　月　日

任务3　新能源汽车其他底盘系统检查与调整

学生姓名：_____　团队（小组）：_____　时间：_____年_____月_____日

📓 任务分析

本工作任务共有2个操作任务。

操作任务1：新能源汽车车桥、悬架等系统检查与调整；

操作任务2：新能源汽车轮胎和车轮检查与调整。

请根据任务要求，对小组成员进行合理分工，小组进行讨论，参考《工作计划表》的内容制订工作计划，并记录主要内容。

任务分析记录：_____

_____

📓 任务准备

参照《准备工作检查记录表》，阅读安全须知，检查并记录完成任务需要的场地、设备、工具及材料。

1. 安全须知阅读

请在操作之前认真阅读安全须知：□已阅读；□未阅读。原因：_____

2. 场地清洁检查

场地清洁，无杂物。检查结果记录：_____

3. 安全检查

无安全隐患。检查结果记录：_____

4. 车辆、设备、工具及其他用品检查

本次实训需要的各种车辆、设备、工具及其他用品型号正确；数量正确；技术参数符合要求；功能正常；外观无损坏。检查结果记录：_____

📓 任务实施

1. 新能源汽车车桥、悬架等系统检查与调整

新能源汽车车桥、悬架等系统检查与调整实训要求

参考车型	实训车型	操作时间
大众ID.4		30min

操作步骤如下:
1)准备工作
举升车辆。
2)检查与调整操作
(1)检查主销和车桥轴承。
检查结果记录:_____
如果异常,调整或维修建议:_____
(2)检查连接杆防尘罩和稳定杆支座。
检查结果记录:_____
如果异常,调整或维修建议:_____
(3)检查万向节护套。
检查结果记录:_____
如果异常,调整或维修建议:_____
(4)检查前后螺旋弹簧、缓冲块和塑料防尘罩。
检查结果记录:_____
如果异常,调整或维修建议:_____
(5)检查底板保护层、底板饰板、布线和塞子。
检查结果记录:_____
如果异常,调整或维修建议:_____
思考及讨论:以上检查的底盘机械部件哪些涉及行车安全?
讨论记录:_____

2. 新能源汽车轮胎和车轮检查与调整

新能源汽车轮胎和车轮检查与调整操作实训要求

参考车型	实训车型	操作时间
大众ID.4		30min

操作步骤如下:
1)准备工作
举升车辆。
2)检查与调整操作
(1)检查轮胎和车轮状态。
检查结果记录:_____
如果异常,调整或维修建议:_____
(2)检查轮胎胎纹深度。
检查结果记录:_____
如果异常,调整或维修建议:_____
(3)检查检查轮辋、轮胎钢圈。

检查结果记录：_____

如果异常,调整或维修建议：_____

(4)检查轮胎监控显示指示灯。

检查结果记录：_____

如果异常,调整或维修建议：_____

(5)判断车辆是否需要进行四轮定位。

需要四轮定位的理由记录：_____

思考及讨论：查阅相关资料,说明新能源汽车的轮胎要求与传统汽车的区别。

讨论记录：_____

课堂测试

1. 填空题

(1)由于新能源汽车大部分的高压部件及导线布置在_____上,因此检查与调整应注意_____。

(2)后桥主减速器齿轮油需要定期_____,务必使用_____的主减速器齿轮油型号,切勿混用。

(3)不允许不同_____、不同层级、不同_____、不同_____、不同负荷的轮胎混装使用。

(4)安装有向花纹轮胎,应注意_____的标记。

(5)轮胎监控显示系统借助ABS的_____传感器比较各个车轮的转速、_____和振动特性。

2. 判断题

(1)新能源汽车底盘检查与调整时,在没有确认高压断电及安全的情况下,严禁触摸高压部件和导线。（　　）

(2)轮胎换位后,应按所换的胎位要求,重新调整气压。（　　）

(3)在大部分情况下,轮胎胎面单侧磨损严重是由于气压过低。（　　）

(4)轮胎监控显示指示灯常亮一定是轮胎气压不足。（　　）

(5)底盘部件涉及行车安全,如果有异常,应及时调整或更换。（　　）

3. 单项选择题

(1)定期检查调整前轮前束值,避免不必要的(　　)。

　A.行驶阻力增加　B.能耗增加　　C.加速轮胎磨损　D.以上都是

(2)对于四驱车型,万向节护套检查与调整范围包括(　　)。

　A.检查前驱外侧和内侧万向节护套　B.检查后驱外侧和内侧万向节护套

　C.检查后驱万向节护套卡箍　　　　D.以上都是

(3)以下关于底板保护层、底板饰板、布线和塞子检查与调整说法错误的是(　　)。

　A.目检时必须注意底板、轮罩和车门槛

B. 所有导线应都固定在托架中

C. 所有塞子应都齐全

D. 底板不是行驶相关部件,损坏后可以不修复

(4)使用轮胎花纹深度尺检测胎纹深度时,最低花纹深度标准为(　　)。

　　A. 1.6mm　　　B. 16mm　　　C. 1.6cm　　　D. 只要不磨平就可以

(5)一般情况下,以下不会造成轮胎监控显示指示灯常亮的是(　　)。

　　A. 胎压过低　　　　　　　　B. 轮胎存在结构损坏

　　C. 轮胎动不平衡　　　　　　D. 更换轮胎

4. 简答/思考题

(1)简述主销和车桥轴承检查与调整的方法。

(2)简述前后悬架检查与调整方法。

任务评价

小组成员、教师分别对基本职业能力(社会能力、方法能力)及任务完成结果(专业能力)进行综合考评,并根据《职业能力考评表》要求评分,学生自评/同组互评得分供教师考评参考,以教师评分为准。

任务评价表

评分	学生自评:　　　分	同组互评:　　　分	教师考评:　　　分
学生个人总结		学生签名:　　年　月　日	
小组评语及建议		组长签名:　　年　月　日	
教师评语及建议		教师签名:　　年　月　日	

项目五　新能源汽车电气系统检查与调整

任务1　新能源汽车低压电源系统检查与调整

学生姓名：_____　团队(小组)：_____　时间：____年____月____日

📓 任务分析

本工作任务共有2个操作任务。

操作任务1：低压蓄电池检查与调整；

操作任务2：DC/DC变换器检查与调整。

请根据任务要求，对小组成员进行合理分工，小组进行讨论，参考《工作计划表》的内容制订工作计划，并记录主要内容。

任务分析记录：_____

_____

📓 任务准备

参照《准备工作检查记录表》，阅读安全须知，检查并记录完成任务需要的场地、设备、工具及材料。

1. 安全须知阅读

请在操作之前认真阅读安全须知：□已阅读；□未阅读。原因：_____

2. 场地清洁检查

场地清洁，无杂物。检查结果记录：_____

3. 安全检查

无安全隐患。检查结果记录：_____

4. 车辆、设备、工具及其他用品检查

本次实训需要的各种车辆、设备、工具及其他用品型号正确；数量正确；技术参数符合要求；功能正常；外观无损坏。检查结果记录：_____

新能源汽车维护任务工单

任务实施

1. 低压蓄电池检查与调整

低压蓄电池检查与调整实训要求

参考车型	实训车型	操作时间
大众 ID.4		30min

操作步骤如下：

1）准备工作

(1) 打开前机舱。

(2) 准备数字万用表、蓄电池测试仪、充电机、拆装工具。

2）检查与调整操作

(1) 检查蓄电池外观。

检查结果记录：_____

如果异常，调整或维修建议：_____

(2) 使用数字万用表检测蓄电池电压。

检查结果记录：_____

如果异常，调整或维修建议：_____

(3) 使用蓄电池测试仪检测蓄电池性能。

检查结果记录：_____

如果异常，调整或维修建议：_____

(4) 利用 DC/DC 变换器对蓄电池充电，并记录。

充电电压：_____ 充电电流：_____

如果异常，调整或维修建议：_____

思考及讨论：如果 DC/DC 变换器工作正常，但低压蓄电池无法充电，如何处理？

讨论记录：_____

2. DC/DC 变换器检查与调整

DC/DC 变换器检查与调整操作实训要求

参考车型	实训车型	操作时间
大众 ID.4		30min

操作步骤如下：

1）准备工作

(1) 打开前机舱，举升车辆。

(2) 准备数字万用表、绝缘拆装工具。

2)检查与调整操作
(1)检查 DC/DC 变换器及高低压线束、连接器外观。
检查结果记录:＿＿＿＿＿＿＿＿＿＿＿＿＿＿＿＿＿＿＿＿＿＿＿＿＿＿＿＿
如果异常,调整或维修建议:＿＿＿＿＿＿＿＿＿＿＿＿＿＿＿＿＿＿＿＿
(2)检查 DC/DC 变换器是否正常工作。
低压蓄电池不充电时电压:＿＿＿＿＿＿V;低压蓄电池充电(DC/DC 工作)时电压:＿＿＿＿＿＿V。
如果异常,调整或维修建议:＿＿＿＿＿＿＿＿＿＿＿＿＿＿＿＿＿＿＿＿
思考及讨论:如何判断该车型 DC/DC 变换器开始工作的时机,即启动开关 ON 挡、READY 状态或是驱动电机运转时工作?
讨论记录:＿＿＿＿＿＿＿＿＿＿＿＿＿＿＿＿＿＿＿＿＿＿＿＿＿＿＿＿

课堂测试

1. 填空题

(1)新能源汽车低压电源系统包括＿＿＿＿、＿＿＿＿及低压电气附件。

(2)蓄电池可能会有易燃易爆性气体逸出,因此严禁在蓄电池旁＿＿＿＿。为了避免人身伤害,在维护蓄电池前,必须保持蓄电池周围＿＿＿＿。

(3)新能源汽车 DC/DC 变换器具有来自动力蓄电池的＿＿＿＿,属于高压部件。

(4)蓄电池充电后应通过＿＿＿＿法或＿＿＿＿法确定蓄电池容量是否恢复到标准值。

(5)利用 DC/DC 变换器为低压蓄电池充电时,确定 DC/DC 变换器的＿＿＿＿与蓄电池正极相接,负极与蓄电池＿＿＿＿相接,切勿反接。

2. 判断题

(1)纯电动汽车的蓄电池容量通常比传统车型大。   (   )
(2)新能源汽车采用的免维护低压蓄电池,如果存在故障,应更换蓄电池总成。(   )
(3)拆卸蓄电池时,应先拆正极极柱(+),再拆负极极柱(-)。   (   )
(4)安装 DC/DC 变换器时应确保 DC/DC 变换器外壳可靠接地。   (   )
(5)DC/DC 变换器输出的充电电压越高越好。   (   )

3. 单项选择题

(1)大众 ID.4 的低压蓄电池位于(   )。
　　A. 后备厢　　　B. 前机舱下部　　C. 前机舱上部　　D. 仪表台下方
(2)如果低压蓄电池安装在车上,最好的充电方法应该是(   )。
　　A. 利用车间的充电机充电　　　　B. 利用车载充电机充电
　　C. 利用 DC/DC 变换器工作充电　　D. 利用随车配置的充电器充电
(3)大众 ID.4 的 DC/DC 变换器位于(   )。
　　A. 后备厢　　　B. 前机舱下部　　C. 前机舱上部　　D. 仪表台下方
(4)判断 DC/DC 变换器是否工作,方法是在上电(READY)后,(   )。

新能源汽车维护任务工单

  A. 使用万用表直流电压挡测量低压蓄电池两端的电压大于13V
  B. 组合仪表显示屏指示动力蓄电池电流为负值
  C. A 和 B 都是
  D. A 和 B 都不是
 (5)新能源汽车 DC/DC 变换器输入电源是( )。
  A. 交流电源   B. 高压直流电源
  C. 低压直流电源   D. 不需要输入电源

4. 简答/思考题

(1)简述低压蓄电池检查与调整操作步骤。

(2)简述 DC/DC 变换器检查与调整操作步骤。

任务评价

  小组成员、教师分别对基本职业能力(社会能力、方法能力)及任务完成结果(专业能力)进行综合考评,并根据《职业能力考评表》要求评分,学生自评/同组互评得分供教师考评参考,以教师评分为准。

任务评价表

评分	学生自评：_____分	同组互评：_____分	教师考评：_____分
学生个人总结		学生签名：	年　月　日
小组评语及建议		组长签名：	年　月　日
教师评语及建议		教师签名：	年　月　日

任务2　新能源汽车空调系统检查与调整

学生姓名：_____　团队(小组)：_____　时间：_____年_____月_____日

📓 任务分析

本工作任务共有2个操作任务。
操作任务1：新能源汽车空调制冷系统检查与调整；
操作任务2：新能源汽车暖风制热系统检查与调整。
请根据任务要求，对小组成员进行合理分工，小组进行讨论，参考《工作计划表》的内容制订工作计划，并记录主要内容。
任务分析记录：_____
_____

📓 任务准备

参照《准备工作检查记录表》，阅读安全须知，检查并记录完成任务需要的场地、设备、工具及材料。

1. 安全须知阅读

请在操作之前认真阅读安全须知：□已阅读；□未阅读。原因：_____

2. 场地清洁检查

场地清洁，无杂物。检查结果记录：_____

3. 安全检查

无安全隐患。检查结果记录：_____

4. 车辆、设备、工具及其他用品检查

本次实训需要的各种车辆、设备、工具及其他用品型号正确；数量正确；技术参数符合要求；功能正常；外观无损坏。检查结果记录：_____

📓 任务实施

1. 新能源汽车空调制冷系统检查与调整

空调制冷系统检查与调整实训要求

参考车型	实训车型	操作时间
大众 ID.4		60min

操作步骤如下:
1)准备工作
(1)打开前机舱,举升车辆。
(2)准备制冷剂检漏仪、歧管压力表、绝缘测试仪、拆装工具。
2)检查与调整操作
(1)检查送风系统。
检查结果记录:_____
如果异常,调整或维修建议:_____
(2)检查制冷循环系统。
检查结果记录:_____
如果异常,调整或维修建议:_____
(3)检查电动空调压缩机本体及高低压接插件。
检查结果记录:_____
如果异常,调整或维修建议:_____
(4)检查电动空调压缩机的绝缘性能。
正极高压接插件和机壳体绝缘电阻值:_____
负极高压接插件和机壳体绝缘电阻值:_____
正极高压母线和车身本体绝缘电阻值:_____
负极高压母线和车身本体绝缘电阻值:_____
如果异常,调整或维修建议:_____
思考及讨论:能否测量压缩机高压接插件正极和负极之间的绝缘电阻?为什么?
讨论记录:_____

2. 新能源汽车暖风制热系统检查与调整

加热空气型暖风制热系统检查与调整实训要求

参考车型	实训车型	操作时间
大众 ID.4		30min

加热电热液型暖风制热系统检查与调整实训要求

参考车型	实训车型	操作时间
比亚迪 e5		60min

提示:根据实训车型暖风制热系统类型配置选择。
操作步骤如下:
1)准备工作
(1)打开前机舱,举升车辆。
(2)准备绝缘测试仪、拆装工具。

2) 检查与调整操作

（1）检查电热液循环系统。

检查结果记录：_____

如果异常，调整或维修建议：_____

（2）检查电热液和储液罐。

检查结果记录：_____

如果异常，调整或维修建议：_____

（3）检查PTC加热器本体及高低压接插件。

检查结果记录：_____

如果异常，调整或维修建议：_____

（4）检查PTC加热器的绝缘性能。

正极高压接插件和机壳体绝缘电阻值：_____

负极高压接插件和机壳体绝缘电阻值：_____

正极高压母线和车身本体绝缘电阻值：_____

负极高压母线和车身本体绝缘电阻值：_____

如果异常，调整或维修建议：_____

思考及讨论：如果暖风制热系统的电热液采用普通的防冻液代替，可能造成什么后果？

讨论记录：_____

课堂测试

1. 填空题

（1）新能源汽车制冷系统使用高压电驱动的_____；制热系统热交换器的热量来源于高压电加热的_____。

（2）新能源汽车制冷系统必须使用厂家指定类型的_____和_____。

（3）新能源汽车暖风制热系统采用的PTC电加热器有加热_____和加热_____两种类型。

（4）检查电动空调压缩机和PTC加热器的绝缘性能时，应先执行高压系统_____，确保高压系统不存在高压电。

（5）如果需要断开的空调管路，必须用_____进行密封，防止空气中_____渗入循环系统。

2. 判断题

（1）新能源汽车空调制冷、暖风制热系统与传统汽车完全一致。　　　　（　　）

（2）如果只是略微脏污，不会导致制冷循环系统出现故障。　　　　　　（　　）

（3）大众ID.4纯电动汽车暖风制热系统采用加热电热液的PTC加热器。（　　）

（4）新能源汽车暖风制热系统的电热液与传统汽车防冻液的类型一致。　（　　）

（5）新能源汽车必须采用指定的冷冻机油。　　　　　　　　　　　　　（　　）

3. 单项选择题

(1) 大众 ID.4 空调过滤器的检查周期是（　　）。
　　A. 越短越好　　　　　　　　B. 10000km 或 1 年
　　C. 5000km 或 6 个月　　　　D. 没有规定

(2) 大众 ID.4 常见指定的制冷剂类型是（　　）。
　　A. 没有特殊要求　　　　　　B. R744 或 R134a
　　C. PAG　　　　　　　　　　D. R12

(3) 电动空调压缩机的绝缘性能测试包括（　　）。
　　A. 正极高压接插件和机壳体
　　B. 负极高压接插件和机壳体
　　C. 正极高压母线和车身本体、负极高压母线和车身本体间的绝缘电阻
　　D. 以上都是

(4) 以下说法错误的是（　　）。
　　A. 制冷系统中不同类型的制冷剂不得混用
　　B. 电动空调压缩机和 PTC 加热器都具有高压电源
　　C. 电动空调压缩机和 PTC 加热器绝缘电阻值都越低越好
　　D. 电热液循环系统的循环泵采用高电压驱动

(5) 以下说法正确的是（　　）。
　　A. 电动压缩机属于高压部件
　　B. 在加注制冷剂前，应先进行循环系统抽真空
　　C. 暖风制热循环系统的电热液可以用防冻液代替
　　D. 制冷循环系统制冷剂的压力，应在正常范围

4. 简答/思考题

(1) 简述电动空调压缩机的绝缘性能检查步骤。

(2) 简述暖风制热系统检查与调整操作步骤。

任务评价

小组成员、教师分别对基本职业能力（社会能力、方法能力）及任务完成结果（专业能力）进行综合考评，并根据《职业能力考评表》要求评分，学生自评/同组互评得分供教师考评参考，以教师评分为准。

任务评价表

评分	学生自评：_____分	同组互评：_____分	教师考评：_____分
学生个人总结		学生签名： 年 月 日	
小组评语及建议		组长签名： 年 月 日	
教师评语及建议		教师签名： 年 月 日	

任务3 新能源汽车其他电气系统检查与调整

学生姓名：_____ 团队(小组)：_____ 时间：_____年_____月_____日

任务分析

本工作任务共有2个操作任务。
操作任务1：新能源汽车电气系统首次维护检查与调整；
操作任务2：新能源汽车电气系统定期维护检查与调整。
请根据任务要求，对小组成员进行合理分工，小组进行讨论，参考《工作计划表》的内容制订工作计划，并记录主要内容。
任务分析记录：_____
_____

任务准备

参照《准备工作检查记录表》，阅读安全须知，检查并记录完成任务需要的场地、设备、工具及材料。

1. 安全须知阅读
请在操作之前认真阅读安全须知：□已阅读；□未阅读。原因：_____

2. 场地清洁检查
场地清洁，无杂物。检查结果记录：_____

3. 安全检查
无安全隐患。检查结果记录：_____

4. 车辆、设备、工具及其他用品检查
本次实训需要的各种车辆、设备、工具及其他用品型号正确；数量正确；技术参数符合要求；功能正常；外观无损坏。检查结果记录：_____

任务实施

1. 新能源汽车电气系统首次维护检查与调整

新能源汽车电气系统首次维护检查与调整实训要求

参考车型	实训车型	操作时间
大众 ID.4		30min

操作步骤如下:
1)准备工作
目视检查。
2)检查与调整操作
(1)检查风窗玻璃刮水器、洗涤器系统。
检查结果记录:_____
如果异常,调整或维修建议:_____
(2)检查其他低压电气系统首次维护的项目。
检查结果记录:_____
如果异常,调整或维修建议:_____
思考及讨论:检查的低压电气系统时,如何确保高压安全?
讨论记录:_____

2. 新能源汽车电气系统定期维护检查与调整

新能源汽车电气系统定期维护检查与调整操作实训要求

参考车型	实训车型	操作时间
大众 ID.4		60min

操作步骤如下:
1)准备工作
准备前照灯检测仪、防冻液折射计、吸尘器及润滑油脂等耗材。
2)检查与调整操作
(1)检查安全气囊和安全带系统。
检查结果记录:_____
如果异常,调整或维修建议:_____
(2)检查车内照明及仪表等电气系统。
检查结果记录:_____
如果异常,调整或维修建议:_____
(3)检查车外照明及信号灯光系统。
检查结果记录:_____
如果异常,调整或维修建议:_____
(4)检查电动车窗系统。
检查结果记录:_____
如果异常,调整或维修建议:_____
(5)检查天窗系统。
检查结果记录:_____
如果异常,调整或维修建议:_____
(6)检查风窗玻璃刮水器、洗涤器系统。

新能源汽车维护任务工单

检查结果记录：_____

如果异常，调整或维修建议：_____

(7) 检查其他低压电气系统定期维护的项目。

检查结果记录：_____

如果异常，调整或维修建议：_____

思考及讨论：查阅相关资料，说明新能源汽车低压电气系统与传统汽车的区别。

讨论记录：_____

课堂测试

1. 填空题

(1) 大众 ID.4 纯电动汽车首次维护的行驶里程_____或_____。

(2) 近光灯自动控制检查时，车辆必须暴露在_____，然后打开点火开关，反复按压_____按键，直至 AUTO 位置指示灯点亮，检查确定前照灯在明亮处时不会_____。

(3) 检查天窗前部排水管时，将车辆停放在_____上，检查后部排水管，将车辆前方停放在_____上。

(4) 当后风窗清洗装置开启时，倒车摄像头清洗装置_____开启。水柱应正好喷射到倒车摄像头_____位置。

(5) 天窗排水检查时，如果水流可通过天窗排水管正常流出且排水槽内无积水，则天窗排水管的_____与_____正常。

2. 判断题

(1) 如果电气系统检查中发现故障，必须排除故障并告知客户。　　　　（　　）

(2) 大众 ID.4 纯电动汽车的静态弯道灯集成在前照灯中。　　　　　　（　　）

(3) 天窗导流板清洁中，应使用高压水去除积存的灰尘。　　　　　　　（　　）

(4) 天窗排水检查时，如果天窗排水管没有水流出说明天窗排水正常。　（　　）

(5) 风窗玻璃刮水器和洗涤器的喷嘴不能调节。　　　　　　　　　　　（　　）

3. 单项选择题

(1) 安全气囊和安全带系统检查与调整内容包括(　　　)。
　　A. 检查安全带是否正常　　　　B. 检查安全气囊罩壳是否损坏
　　C. A 和 B 都是　　　　　　　　D. A 和 B 都不是

(2) 大众 ID.4 纯电动汽车的雨量和光照识别传感器位于(　　　)。
　　A. 前风窗玻璃的下部区域　　　B. 前风窗玻璃的上部和中部区域
　　C. 后风窗玻璃的下部区域　　　D. 后风窗玻璃的上部和中部区域

(3) 大众 ID.4 纯电动汽车需要进行前照灯基本设置的周期是(　　　)。
　　A. 每次维护时　　　　　　　　B. 每行驶 10000km 或 1 年
　　C. 每行驶 20000km 或 2 年　　 D. 每行驶 60000km 或 4 年

(4) 天窗导流板清洁的洗涤剂要求是(　　　)。

A. 纯清洗液

B. 清水

C. 洗涤剂的混合比:3 滴清洗液兑 1L 清水

D. 洗涤剂的混合比:1 滴清洗液兑 3L 清水

(5)关于电气系统检查,以下说法错误的是(　　)。

A. 润滑时应尽量多涂抹润滑脂

B. 使用折射计检查防冻添加剂的浓度

C. 如果曾经断开过电源,应对电动车窗升降器进行定位

D. 新能源汽车低压电气系统检查时也应注意高压安全防护

4. 简答/思考题

(1)简述电动车窗升降器定位的步骤。

(2)简述静态弯道行车灯的功能检查方法。

任务评价

小组成员、教师分别对基本职业能力(社会能力、方法能力)及任务完成结果(专业能力)进行综合考评,并根据《职业能力考评表》要求评分,学生自评/同组互评得分供教师考评参考,以教师评分为准。

任务评价表

评分	学生自评:＿＿＿＿分	同组互评:＿＿＿＿分	教师考评:＿＿＿＿分
学生个人总结			学生签名:　　　年　月　日
小组评语及建议			组长签名:　　　年　月　日
教师评语及建议			教师签名:　　　年　月　日